CÓMO *Seducir* a las MUJERES

Cómo seducir a las mujeres le brindará útiles recomendaciones para que usted luzca espontáneo y radiante en sus próximas conquistas, ya que seducir es un arte y como tal tiene reglas.

En este libro usted va a conocer los principios del beso, del abrazo, de las caricias y aprenderá el lenguaje de la ropa, los temores de las mujeres, qué es la hombría y cómo ganarse el corazón de la mujer que siempre ha deseado.

En *Cómo seducir a las mujeres* usted estará a la altura de un Casanova o un Don Juan y será el sueño hecho realidad de toda mujer.

STACI KEITH

CÓMO *Seducir* a las MUJERES

SELECTOR
actualidad editorial

SELECTOR
actualidad editorial

Doctor Erazo 120	Tels. 588 72 72
Colonia Doctores	Fax: 761 57 16
México 06720, D. F.	

CÓMO SEDUCIR A LAS MUJERES
Drive Your Woman Wild in Bed: a lover's guide
to sex and romance

Traducción: Vicente F. Herrasti
Diseño de portada: Ivonne Murillo
Ilustraciones de interiores: Ivonne Murillo

Copyright © 1994 by Staci Keith
Edición original en inglés: Warner Books, Inc.
Esta traducción es publicada mediante convenio con
   Rights Unlimited, New York, NY USA
D.R. © 1995, Selector, S.A. de C.V.

ISBN (inglés): 0-446-67047-2
ISBN (español): 968-403-888-7

Décima Sexta reimpresión. Agosto de 2004

Contenido

Capítulo 1

Cómo seducir a las mujeres

"Princesa, la gran diferencia entre la gente que habita este mundo no es la riqueza o la pobreza o el bien y el mal; la más importante de todas las diferencias de este mundo es aquella que se presenta entre los que han gozado los placeres del amor y los que no han gozado dichos placeres, mirándolos a distancia con envidia, envidia enfermiza. Los espectadores y los actores. No me refiero al placer ordinario o al que se puede comprar, me refiero al gran placer, y nada de lo que me ha pasado a mí o a los Cielos ha podido cancelar las muchas y largas noches en vela, cuando nos brindábamos un placer amoroso que muy pocas personas pueden disfrutar en la vida..."

Chance Wayne
Sweet Bird of Youth
Tennessee Williams

El sexo. No estamos ante un tema sencillo ¿verdad? Algo que debe llevarse a cabo sin esfuerzo, de manera natural y espontánea está ahora plagado de ansiedad y confusión. ¿O siempre fue así? Los hombres dicen que las mujeres son unas "perras" y las mujeres que los hombres son unos "cerdos". La misoginia y el odio a los hombres son muy comunes en nuestra cultura. La hostilidad hacia las mujeres se refleja en las rutinas de los comediantes, en el voyeurismo de los videos musicales y en los concursos de bikinis. Se abusa de los hombres en las revistas de auto-ayuda o se los retrata como patanes sádicos y lascivos en la televisión. El mensaje es claro: el sexo es tan confuso como las relaciones personales.

La confusión puede ser peor para las mujeres. Ellas no gozan de igualdad económica ni social. En muchas ocasiones se les desprecia, ridiculiza o se les convierte en objeto. Suelen ser las víctimas de crímenes violentos. Nuestra cultura llena a las mujeres con problemas de auto-estima, especialmente en lo que se refiere a su aspecto, les hace concebir expectativas románticas imposibles de obtener y, por si fuera poco, falla a la hora de ayudarlas a enfrentar su desencanto. Aunque nos sorprenda, ¡las relaciones son trabajo! No se trata de algo "color de rosa" que sucede en la puesta del sol. Todos estos factores hacen que las mujeres sean difíciles en entender, incluso para ellas mismas.

Me extiendo en estos temas no sólo para instruirlo, sino para ayudarle a convertirse en un amante aún mejor de lo que es ahora. Los grandes amantes tienen tres características comunes: pasión, sensibilidad y comprensión. Yo puedo ayudarle a mejorar su comprensión, pero puedo hacer muy poco por aumentar su sensibilidad o su pasión debido a que estas dos últimas características tienen que provenir de usted. La comprensión empieza cuando usted se pone en los zapatos de otra persona —en este caso, se trata de que usted comprenda qué sienten las mujeres respecto de sí mismas. Cuando termine de leer este libro usted dispondrá de muchas herramientas. Con que utilice la mitad de ellas, será mejor amante que el 98 por ciento de los hombres que andan por ahí. *¡Existen muy pocos amantes destacados!* Su número va en descenso, aún en las nuevas generaciones que disponen de conocimientos sexuales a través de diversos medios.

Saber es poder

No sería bueno que usted utilizara los recursos de este libro para arrasar con grupos enteros de porristas o para romper corazones a diestra y siniestra. Usted se está entrenando para convertirse en un amante increíble, inolvidable, fantástico, no para imponer un nuevo récord mundial. No estoy aquí para cuidar la actividad de su pene, pero existen buenas razones para **ser cuidadoso**, evitando contraer enfermedades venéreas que lo pongan fuera de circulación. ¿De acuerdo? Muchas enfermedades acechan por ahí —el virus del SIDA es sólo uno de tantos. Aparte de los virus, también debe cuidarse de la **enfermedad emocional.** Si una mujer padece un desorden emocional enfocado en la sexualidad, no importa que tan buen amante sea; no hay nada que pueda hacer para ayudarla. Si se da el caso de que usted ama a una mujer disfuncional, sexualmente hablando, usted necesita evaluar qué tan importante es el sexo para su relación. ¿Puede prescindir de una relación sexual estupenda sin sentirse privado? Muchas relaciones maravillosas no lo son tanto en lo que respecta a la cama.

Como sociedad, tendemos a poner demasiado énfasis en el sexo. ¡El sexo es sólo una pequeña parte de la vida! También existen cosas como:

música, comida, coches, deportes, viajes, trabajo, ropa, ciencia, familia, playas, cielo, buceo, ligue, astrología, libros, televisión, educación, estar vivo, fiestas, bebés, herramientas, cultura, escuela, amigos, historia, natación, cocina, Aurrerá, catálogos, impuestos, conversación, Shakespeare, domingos, cerveza, computadoras y ser felices.

Las siguientes son citas de personas que han pensado bien el tema del sexo:

"La posición es ridícula, el placer momentáneo y el gasto execrable."

Lord Chesterfield
Estadista inglés (1694-1773)

"El amor no es más que dos minutos y cincuenta segundos de ruidos extraños. Demuestra que su mente no funciona muy bien."

Johnny Rotten
Músico británico punk (1951-)

"Cuando el sexo es bueno, constituye 10 por ciento de la relación; cuando es malo, se convierte en 90 por ciento de la relación."

Michael Brooks
Autor de *Instant Rapport*

"Cuando no podemos obtener amor, nos conformamos con el poder"

Ethyl Persen
Autor de *Dreams of Love and Fateful Encounters*

"*Uno piensa que el sexo es un acto privado; no lo es: es un acto social. Los hombres son depredadores sexuales en la vida y las mujeres son manipuladoras sexuales. Sólo cuando dos individuos se unen y dejan al género humano fuera de la habitación se puede decir que hacen el amor. Si permiten que el género entre, hacen otra cosa debido a la presencia de la sociedad.*"

Andrea Dworkin
Autora de *Fire and Ice*

¡Palabras muy sabias!

Capítulo 2

¿Garañón o caballito de juguete?

Examen
de sofisticación sexual y emocional

1. Si su compañera hace una sugerencia durante el sexo, usted se siente:

- ☐ **A.** Receptivo.
- ☐ **B.** Ansioso.
- ☐ **C.** Enojado/Impaciente.

2. ¿Tiene problemas para comportarse con espontaneidad? Si su pareja quiere que usted estacione el coche para hacer el amor, ¿lo haría?

- ☐ **A.** Posiblemente.
- ☐ **B.** Sería difícil.
- ☐ **C.** Nunca.

3 . Si su pareja no puede llegar al clímax, usted se siente:

- ☐ **A.** Deseoso de ayudarla si puede.
- ☐ **B.** Culpable o responsable en parte.
- ☐ **C.** Es su problema y usted no tiene nada que ver.

4. ¿Ha sido acusado por tres o más mujeres de ser poco cariñoso? ¿De no besarlas y abrazarlas lo suficiente?

- ☐ **A.** Nunca.
- ☐ **B.** Una o dos veces.
- ☐ **C.** Siempre.

5. ¿Tiene problemas para concentrarse mental, física y emocionalmente en lo que sucede? ¿Se preocupa o deja que su mente se ocupe de cuestiones sin importancia cuando hace el amor?

- ☐ **A.** No.
- ☐ **B.** A veces.
- ☐ **C.** Casi siempre.

6. ¿Es usted negligente en relación con su aspecto personal y/o su higiene?

- ☐ **A.** No, soy muy cuidadoso con esas cosas.
- ☐ **B.** Útimamente he sido un poco descuidado.
- ☐ **C.** Si ella me ama de verdad, no le importará mi apariencia.

7. ¿El sexo oral es su principal prioridad? Si es así, ¿presiona a su amante para que le haga el sexo oral?

❐ **A.** Me gusta pero no es satisfactorio como la penetración.

❐ **B.** A veces pierdo la paciencia y le grito a ella por ser tan escrupulosa.

❐ **C.** Siempre pienso en ello y si una mujer no me hace el sexo oral, mejor me voy y busco otra que sí lo haga.

8. ¿Ve televisión, en especial eventos deportivos, durante la mayoría de su tiempo libre?

❐ **A.** Ocasionalmente.

❐ **B.** Más de lo debido.

❐ **C.** Tanto como puedo.

9. ¿Tiene amigos cercanos?

❐ **A.** Sí.

❐ **B.** Uno.

❐ **C.** Ninguno.

10. ¿Tiene amigas?

❐ **A.** Muchas.

❐ **B.** Algunas.

❐ **C.** Ninguna.

11. ¿Se masturba viendo películas pornográficas o con materiales porno de cualquier tipo?

❐ **A.** Lo he hecho, pero no es un hábito regular.

❐ **B.** A veces.

❐ **C.** Regularmente.

12. ¿Suele comparar a su pareja (desfavorablemente) con otras mujeres o con las modelos de las revistas y la televisión?

☐ **A.** No.

☐ **B.** A veces —¿no lo hacen todos?

☐ **C.** Sí. Me gustaría que perdiera peso, hiciera ejercicio, se rizara el cabello, usara tacones, etcétera.

13. ¿Se siente sucio o poco atractivo?

☐ **A.** No.

☐ **B.** En ocasiones, pero cuando me pasa la sensación es muy intensa.

☐ **C.** Sí, casi siempre.

14. ¿Suele enojarse o ser demasiado crítico con su pareja? ¿Creé que le hace un favor al decirle ciertas verdades sobre su persona?

☐ **A.** No.

☐ **B.** Sí, a veces me hace enojar.

☐ **C.** Es la única manera de hacerme entender.

15. ¿Alguna vez lo han acusado de trabajar demasiado?

☐ **A.** Trabajo duro, pero paso en la casa la mayor parte de las noches.

☐ **B.** A veces me obsesiono con el trabajo, especialmente cuando hay un proyecto importante.

☐ **C.** Sí, pero es mejor ser adicto al trabajo que al alcohol.

16. ¿Cuándo fue la última vez que le llevó a su pareja flores, una tarjeta o un perfume?

☐ **A.** Este mes.

☐ **B.** En los seis meses pasados.

☐ **C.** Sentimos que esos gestos son innecesarios para nuestra relación.

17. Cuando tiene un orgasmo, ¿dice algo o se permite cualquier vocalización?

☐ **A.** Sí, me expreso bastante (excepto cuando alguien puede escuchar).

☐ **B.** Ocasionalmente, pero me da pena.

☐ **C.** Nunca. Me hace sentir estúpido.

18. ¿Cuándo fue la última vez que, espontáneamente, abrazó, beso o le dijo a su compañera que la amaba?

☐ **A.** Hoy, ayer o anteayer.

☐ **B.** Hace un par de semanas.

☐ **C.** Le demuestro mis sentimientos de tantas otras maneras que ella no necesita que yo lo diga.

19. ¿Qué tan seguido sale con "los cuates"?

☐ **A.** Una o dos veces cada quincena. No tenemos días fijos.

☐ **B.** Tenemos días fijos cada semana sin falta (jugamos poker el sábado por la noche, por ejemplo).

☐ **C.** Muy seguido —no hay nada como estar con los amigos.

20. ¿Qué tan seguido le dice a su pareja que luce bonita?

  ❏ **A.** Regularmente. Me gusta mucho.

  ❏ **B.** A veces, cuando se arregla bien, le digo algo.

  ❏ **C.** Nunca. Ella no se arregla como a mí me gusta o es tan guapa que no necesita de mis halagos.

21. Cuando va a reuniones o restaurantes con su pareja, ¿se permite mirar a cualquier mujer atractiva?

  ❏ **A.** No. Trato de ser considerado con mi pareja. Quiero que se sienta cómoda al estar conmigo.

  ❏ **B.** Seguro, echo un vistazo cuando nadie me observa.

  ❏ **C.** Sí, ni modo que cierre los ojos cada vez que veo a una mujer bella.

22. ¿Cuál de las siguientes opciones calificaría usted como el ideal masculino?

  ❏ **A.** Un hombre afectuoso, considerado, pero que no permite que abusen de él. Tal vez no sea Dios, pero se da a respetar. Un hombre que puede comunicar sus sentimientos a la pareja sin tartamudear.

  ❏ **B.** Un hombre que no hace trampa, que no golpea o deja en bancarrota a su mujer. Él sabe cuál es su papel y ella el suyo.

  ❏ **C.** Un millonario con yate y pene de 26 centímetros. Sé, por experiencia, que eso le gusta a las mujeres; varias veces las he visto revolotear alrededor de tipos así.

23. ¿Cuál de estas tres opciones considera romántica?

☐ **A.** La escena de "África Mía" en que Robert Redford lava el cabello de Meryl Streep.

☐ **B.** La escena de "Risky Bussiness" en que Tom Cruise recuesta a Rebecca de Mornay en el sofá.

☐ **C.** La escena de "9 ½ semanas" en que Mickey Rourke observa un strip-tease de Kim Basinger.

24. ¿Qué opción lo describe mejor como amante?

☐ **A.** Generoso, apasionado, curioso e imaginativo.

☐ **B.** Fuerte, duradero, hombre de pocas palabras.

☐ **C.** Mejor que el promedio. Más dotado que la mayoría y siempre en erección.

25. Su padre era:

☐ **A.** Un hombre cariñoso y responsable.

☐ **B.** Toda una personalidad, pero nunca lo vimos mucho.

☐ **C.** Un pelmazo.

26. ¿Cuánto tiempo invierte en el jugueteo previo antes de la penetración?

☐ **A.** Más de diez minutos.

☐ **B.** Entre dos y cinco minutos.

☐ **C.** La verdad es que no necesitamos jugueteos. Ella se viene sin problema o comprende que yo soy quien necesita el sexo.

27. ¿Usted creé que el hombre es 100 por ciento responsable del orgasmo femenino?

❒ **A.** No, 100 por ciento no. 50 por ciento tal vez.
❒ **B.** Sí. Sin que yo la encienda, no puede tener un orgasmo
❒ **C.** No, eso es asunto suyo. Si las mujeres fueran menos escrupulosas tendrían más orgasmos.

28. ¿Qué opción describe mejor a las mujeres?

❒ **A.** Seres humanos que piensan y sienten, con debilidades y fortalezas, al igual que nosotros. Debe ser muy duro ser considerada como ciudadano de segunda clase.
❒ **B.** Raras y complejas, pero las necesito. En ocasiones, no puedo dejar de culparlas por someterse a relaciones abusivas o por permitir que abusaran sexualmente de ellas cuando eran niñas.
❒ **C.** Básicamente, existen mujeres buenas y malas. Las buenas no beben, no usan drogas o se acuestan con cualquiera. Siempre están con su hombre sin importarles nada más. Las malas mujeres utilizan a los hombres y luego les escupen. Mienten, hacen trampa, gastan el dinero de su pareja y llevan a la muerte. Me gustaría que las mujeres no estuvieran enojadas todo el tiempo.

29. ¿Viajaría en un avión piloteado por una mujer?

❒ **A.** Sí.
❒ **B.** Estaría un poco nervioso.
❒ **C.** No. Si no pueden manejar un coche, ¿cómo esperar que manejen un avión?

30. ¿Cuando hace el amor a una mujer le dice lo bien que huele, lo mucho que le excita o lo bonita que le parece?

☐ **A.** Sí, frecuentemente.

☐ **B.** Solía hacerlo.

☐ **C.** No, no me siento cómodo diciendo cumplidos.

Después de completar la prueba, ponga sus respuestas A, B y C en tres columnas separadas. Si duda entre dos opciones, ponga ambas en las columnas apropiadas. ¡Sea honesto!

1. Si el resultado muestra un predominio de las respuestas C:

Tendrá que afrontar el reto de sus creencias erróneas respecto del sexo, las mujeres e incluso usted mismo. Esto no quiere decir que las respuestas C exhiban su poca valía; simplemente reflejan un problema para relacionarse con los demás. Es posible que le hayan acusado de ser iracundo, difícil o melindroso y probablemente usted tenga antecedentes de agresión verbal a su pareja, alcoholismo u otra disfunción. Tiende a relacionarse con mujeres jóvenes, tímidas y complacientes y disfruta más la compañía de otros hombres que la de las mujeres. Es difícil que se muestre agradable cuando se siente bajo presión. Sus relaciones duran poco tiempo. Tal vez padezca un desorden relacionado con la ingestión, como por ejemplo el comer o beber demasiado; el uso de drogas también puede incluirse en este rubro.

Una de las mayores dificultades que enfrentan los hombres es la manera correcta de redefinir su masculinidad. Hace mucho que pasaron los días en que el hombre trabajaba y la mujer se quedaba en casa. Hoy, dos sueldos no sólo se suman para incrementar comodidades, sino que son necesarios para el bienestar. Si las mujeres dan a luz y proveen a la familia, ¿en dónde queda el papel masculino? Su rol de proveedor exclusivo ha cambiado radicalmente. Ser hombre significa ir más allá del estatus masculino tradicional (el de aquél que subordina a los demás). No existe guerra de los sexos a menos que usted se proponga emprender una batalla. Por favor reconsidere algunas de sus actitudes referentes a las mujeres y a usted mismo. Busque consejo si es necesario. Si no lo hace corre el riesgo de envenenar toda relación que emprenda.

2. Si el resultado muestra un predominio de las respuestas B:

Algunas de las respuestas B son muy sutiles, tan sutiles como sus confusos sentimientos sobre las mujeres. Si usted obtuvo una preponderancia de respuestas de tipo B, es fácil que usted haya tenido que sobrevivir por lo menos una relación tormentosa. Puede que su nivel de disfunción no sea severo, pero podría traerle problemas. A veces tiene conflicto para ver a las mujeres como realmente son, sustituyendo esta realidad con la imagen que a usted le conviene. Más aún, se le dificulta concebirlas como personas —para usted sólo son compañeras sexuales en potencia. No está muy cerca de ningún miembro de su familia (o, alternativamente, está muy relacionado con su madre). Puede sentirse muy solitario. Cuando se enamora, teme perder el control o que le hagan parecer un tonto.

Una relación saludable necesita de algo más que un cuadro de referencias negativas (por ejemplo, la respuesta B a la pregunta número 22). Requiere que se involucre activamente. Es común que los hombres logren tener una relación y luego esperen que ésta se mantenga sin hacer ningún esfuerzo. En una relación, nunca se tiene nada seguro. Siempre se está jugando un juego. Es por eso que no puede ignorar o dejar de atender a la mujer que le ama. Si usted se descuida, ella se irá tarde o temprano. Para incrementar su comprensión sobre las mujeres y sus sentimientos, hable con ellas, no necesariamente sobre sexo, sino sobre sus experiencias y emociones en general..., sobre la vida. Asegúrese de escuchar. Lea todo lo que encuentre sobre el tema de las mujeres. El poder radica en el saber —no en un pene grande.

3. Si el resultado
muestra un predominio de las respuestas A:

¡Felicidades! Usted obtuvo una alta calificación en la prueba. Si todas sus respuestas fueran A, usted es el sueño de toda mujer. Es probable que usted se sienta muy bien consigo mismo y que tenga un respeto sano por las mujeres. No las idealiza ni las denigra; son seres humanos que piensan y sienten, igual que usted.

Es poco probable que usted dude sobre su desempeño

sexual, pero tampoco es complaciente con sus capacidades como amante. No es una persona ingenua —sospecha que las mujeres que dramatizan su sexualidad tienen problemas de identidad; no las trata como si fueran tipas calenturientas que se mueren por los hombres. Usted mantiene relaciones buenas, sólidas y felices. Si una relación terminó, es probable que usted siga hablándose con esa mujer en términos de amistad.

Mientras más respuestas A haya tenido, más probable es que usted se lleve bien con sus padres; además, también es probable que sus padres se hayan llevado bien entre ellos. Copiamos lo que vemos.

NOTA: Aunque haya obtenido respuestas A, B, o C, aún tiene mucho que aprender con la lectura de este libro.

Capítulo 3

Los dos secretos sexuales más grandes de todos los tiempos

regúntele a las mujeres de hoy cuál es la característica que le falta a los hombres en la cama y probablemente responderán que es la "pasión". En segundo lugar obtendremos la "falta de imaginación". La pasión es la clave de todo, no importa si se trata de pasión en el trabajo, por ser buen padre o cualquier otra. Sexualmente, esto es lo que distingue a los hombres de los niños.

Los hombres apasionados no temen hacer ruido durante el sexo. Los hombres apasionados hacen el amor como si fuera su último día de vida. La pasión no necesariamente es tierna. A veces es cruda, bárbara, excitante y peligrosa. La pasión, (el primero de los dos grandes secretos sexuales) es contagiosa y completamente desinhibida.

El diccionario define la palabra arrebato como "ser transportado por la alegría o el éxtasis". El arrebato es primo cercano de la pasión y constituye la fantasía sexual número 1 de las mujeres. Es importante señalar que el arrebato no tiene nada que ver con la violación. La violación es sexo sin consentimiento. La violación comienza cuando usted continúa mientras ella dice "no". Arrebato es mirar a su esposa como de quince años y sentir un hambre insaciable cuando su belleza le impacta, al grado de tirarse en la alfombra a hacer cosas innombrables. Las novelas románticas están llenas de arrebato. El arrebato provoca su rendición ante el rojo deseo que brilla en los ojos de usted. El arrebato no es color de rosa, es escarlata, negro y azul eléctrico.

El arrebato es una actitud

La diosa que vive en cada mujer quiere creer que usted está tan abrumado por el deseo que es llevado a realizar actos oscuros y desesperados. El arrebato no requiere de jugueteo previo. Es inmediato y se consume por completo en el momento mismo de la acción. Es un contacto crudo con su pasión primordial. El secreto para ser apasionado es estar completamente inmerso en el momento. Eso significa que no se juzga lo que hizo antes y que no se calcula lo que se hará después. Si usted quiere escribir su nombre en la lista de los amantes legendarios, tendrá que acudir a la pasión que existe en su interior. Para una mujer, no hay nada más halagador que el saber de alguien que siente pasión por ella.

Capítulo 4

Los secretos y temores ocultos de las mujeres

Durante mis conferencias siempre le pido a los hombres de la audiencia que me hablen sobre su amante inolvidable; sus respuestas suelen ser específicas. Es raro que hablen de "grandes tetas" o "mamadas". El hilo conductor de sus exposiciones casi siempre consiste en que esa mujer les hizo sentir que eran el mejor de los amantes. Parece que el buen sexo tiene muy poco que ver con lo que ella haya hecho al cuerpo de su hombre; está más relacionado con lo que hizo a su ego.

El caso de las mujeres es distinto. Quieren que usted las deseé más que a cualquier otra mujer que haya existido sobre la faz de la tierra. ¡De nuevo nos encontramos con esta mentalidad de princesa fantástica! Es por esto que cuando doy conferencias a las mujeres, nunca logro reunir a más de nueve. En el caso de los hombres, la asistencia mínima ha sido de 105. Nuestra opinión parece ser: "¡Si no puedo ser el primero, seré el mejor!"

Toda mujer es una diosa en su interior. No, más bien, toda mujer es La diosa en su interior. No importa si pesa 150 kilos, es calva y usa peluca; toda mujer quiere ser una diosa a la que se debe pagar tributo. Es por ello que las mujeres se derriten con los emblemas tradicionales de adoración —rosas, poemas, regalos— pues todos estos objetos son una ofrenda a su femineidad.

¡Pobre de usted si provoca la ira de su diosa personal! Recuerde el momento en que estaban juntos y pasó frente a ustedes una mujer atractiva. Usted mira a la mujer y su diosa le mira a usted. ¿Por qué?

    A. Para ver si usted trataba de ligar, y;

    B. Para abofetearlo si lo estaba haciendo.

Imagine la siguiente escena: usted y su pareja ven la televisión. Su pareja (con aparente inocencia) le pregunta si esa actriz le parece atractiva. Usted se apresura a responder, "¡Es una belleza!" Más tarde, cuando pide a su pareja que le dé un masaje en la espalda, ella grita, "¡Que te de el masaje esa 'belleza'!" ¿Se da cuenta? Debemos respetar a la diosa que vive en toda mujer. ¿Deben competir tanto las mujeres? Probablemente no. Pero el hecho es que la mayoría son así, *no importa si lo admiten o no.*

Y la verdad es que a usted tampoco le gusta que ella mire a otros hombres. No quiero sugerir que cierre los ojos cada vez que pase una mujer, sino que la mitad de la felicidad sexual de las mujeres es su confianza sexual. Cuando salgan juntos no mire a otras. Cuando salga con los amigos siéntase libre de mirar a cualquier mujer. Es una cuestión de respeto. El ser respetuoso con su pareja no significa que sea menos hombre o que se esté convirtiendo en marica.

En otras palabras, su pareja no tiene por qué saber en quien encuentra usted atractivo..., a menos que usted obtenga cierto placer enfermizo en hacerla sentir enojada e insegura.

Los amantes legendarios saben que el buen sexo consiste en liberarse del temor y la inseguridad. Si usted tiene problemas, quizás su pareja tema cualquiera de las siguientes posibilidades y esto puede afectar la relación sexual:

✔ Perderlo por culpa de otra mujer
✔ Perderlo al pensar en que usted fantasea con otra mujer
✔ Envejecer
✔ Embarazarse
✔ Que usted la lastime durante la relación
✔ No ser buena esposa, amante, madre, cocinera, proveedora, etcétera.
✔ No ser lo suficientemente bonita

En comparación, los temores masculinos son un tanto diferentes:

✔ No poder proveer a la familia
✔ No tener el pene lo suficientemente grande/no ser un buen amante
✔ Que otro hombre se acueste con su pareja
✔ Que la gente piense que su pareja lo domina
✔ Ser homosexual

Capítulo 5

El mito de la hombría

El primer error consiste en pensar que los hombres quieren (y necesitan) sexo constante o morirán. La verdad es que todos somos distintos y tenemos distintas necesidades. Para la mayoría de la gente, los apetitos sexuales son variables: a veces queremos mucho y otras no tanto. ¡El sexo es siempre un obsesión si se carece de él! En una relación, el sexo se comporta de igual manera. Habrá días en que haga el amor dos veces, pero en otras épocas, tendrá suerte si lo hace dos veces al mes. Eso es forzoso en toda relación en que los niños, el trabajo, los impuestos y las leyes conspiren para debilitar el ardor.

El segundo gran error consiste en pensar que la mujer es una santa o una perdida. Esto se llama doble estándar. Esta es la razón por la que algunos hombres se casan con mujeres sexualmente inhibidas, se quejan de lo escrupulosas que son y usan este argumento para justificar sus múltiples relaciones con mujeres sexualmente no inhibidas. La santa y la perdida. Comúnmente, piensan que a una mujer frígida no le gusta el sexo y que gracias a ello no los engañará. Creen que una mujer con un apetito sexual saludable se entregará a los mensajeros, o a los repartidores de pizza tan pronto como usted dé la espalda. Esto sólo es señal de una mentalidad troglodita. Es falso. En realidad, es la mujer sexualmente insatisfecha la que puede llegar a engañar, no la mujer que sabe lo que quiere en la cama. Dado que muchas mujeres llegan a la plenitud sexual cuando tienen más edad que la mayoría de los hombres, la tímida y joven virgen con la que usted se casó a los veintiún años, puede desarrollar apetitos inimaginables a los treinta y ocho. La capacidad sexual de las mujeres puede ser enorme.

El tercer error (pariente del anterior) es que el hombre debe casarse con la mujer que respeta y dormir con la que no respeta —prostitutas, por ejemplo—. En esta cultura tenemos arquetipos sexuales clásicos (Marilyn Monroe los representa a la perfección) que podemos definir con la frase "Las mejores son rubias de grandes senos y poca inteligencia". ¿En verdad es sexy la estupidez? No, probablemente no. Pero uno puede correr el riesgo de no respetar a una mujer estúpida. Este es uno de los aspectos de la mentalidad masculina que las feministas deploran —no la existencia de mujeres atractivas.

El error número cuatro es que si usted provee un ingreso decente, no bebe mucho ni engaña a su pareja, se convierte en compañero perfecto. Esto tampoco es cierto. Todas estas cosas deben ser básicas en una relación para ambos integrantes de la pareja. Un feliz y filosófico caballero que entrevisté lo dijo así: "Uno no puede ver deportes todo el día, comerse la cena como lobo sin hablar y ver deportes el resto de la noche esperando que las cosas funcionen. No funcionarán."

¡Tiene razón!

Capítulo 6

Correspondencia I

Staci:

Estoy muy enojado. ¿Es necesario que los hombres buenos siempre sean los últimos de la fila? Siempre estoy desempeñando el papel de segundón respecto a otro patán, u ofreciendo mi hombro a las mujeres que lloran porque el mismo tipejo les rompe el corazón por centésima vez. A mí nadie me hace caso. Odio esta situación. ¿Por qué no tienen suerte con las mujeres los hombres considerados?

Walter L., Chicago, IL

Querido Walter:

Los hombres considerados y buenos sí tienen suerte con las mujeres. ¡El problema es que los chicos buenos (como tú) invariablemente escogen a las peores mujeres! Las mujeres que se obsesionan mucho con relaciones disfuncionales tienen muy poca probabilidad de advertir qué tan tierna, dulce y maravillosa puede ser la vida. Muchos de esos "tipos buenos" están más enamorados de su escenario romántico

("La amo pero me trata mal") que de la mujer objeto de sus afectos. Esto es una verdadera representación de los ideales líricos de Occidente. A fin de cuentas, el "chico bueno" tiene tantos problemas con la intimidad como la mujer a la que consuela, sólo que lo manifiesta de distinta manera. Wayne, mi consejo es el siguiente: deja de estar disponible para estas mujeres y comienza a estar disponible para ti mismo. Interésate en algún pasatiempo o entra a tomar clases de algo. Deja de llenar esas horas vacías con mujeres quejumbrosas. Al ampliar tus horizontes no sólo te sentirás mejor contigo mismo, sino que pensarás menos en mujeres que no te aman. Si lo haces así, es probable que encuentres una que sí te ame. Es probable que tardes un poco en encontrarla, pero no dejes que eso te aleje de tu meta.

Staci:

Creo ser una persona agradable y no mal parecido, pero cuando tengo contacto con miembros del sexo opuesto (especialmente si son atractivos), permanezco en silencio; es como si me comieran la lengua los ratones. Es algo así como el pánico escénico; ¡me pongo tan nervioso! Haría cualquier cosa por mejorar mi actitud cuando estoy con las mujeres. ¿Puedes ayudarme?

Marv W., Los Cerritos, CA

Querido Marv:

Te voy a decir qué me ayudó a mí: ¡clases de actuación! Claro que durante las primeras seis semanas de clases fui incapaz de pronunciar una sola palabra. Después, lentamente, salí de mi hibernación y comencé a realizar monólogos enteros. Cuando logramos un buen desempeño en situaciones aún más tensas que hablar con una mujer hermosa (por ejemplo, hablar frente a un auditorio), lo demás resulta sencillo. En la actualidad doy conferencias de tres horas cada una a lo largo y ancho del país —a veces frente a las cámaras de televisión. Le doy todo el crédito a las clases de actuación. Aún así puedes sentirte un poco nervioso cuando converses con una mujer sexy. Después de todo, ¡esto es lógico! Eleanor Roosevelt, un alma sabia, dijo alguna vez, "Uno debe hacer las cosas que piensa que no puede hacer", y si tú vives bajo esa consigna, Marv, no habrá quien te detenga.

Con o sin lecciones de actuación, tú puedes aprender a superar tu temor al rechazo. El gato persigue al ratón. El ratón puede jugar sus cartas sabiamente e invitar al gato a cenar, pero nueve de cada diez veces tú serás quien deba tomar la iniciativa.

Es extraño, pero la mayoría de los hombres que suelen invitar a las mujeres a salir no son muy atractivos. No importa qué tan guapos sean, se acercan a las nenas sin temor, poseyendo una verdad inalterable: es un juego de probabilidades. Si invitan a salir a quince mujeres, una, dos o tal vez diez aceptarán. Ellos saben que es una cuestión de probabilidades y tú debes saberlo también. El problema consiste en atreverse a jugar.

El siguiente es un ejercicio extraño, pero si quieres curarte de ese pánico escénico debes realizarlo. Primero:

1. Consigue una hoja de papel y una pluma.
2. Imagina que te acercas a la mujer que enciende tus deseos.
3. Ahora piensa qué es lo peor que te puede ocurrir si le propones una cita (te señala, se ríe, te llama iluso, le dice a sus amigas, etcétera).
4. Escribe cada escena terrible y *léela en voz alta.*

Cuando verbalizas tus temores, cuando los ves escritos en el papel, ya has recorrido la mitad del camino que conduce a la superación de los problemas. Recuerda que la única manera de que estas posibilidades te afecten es dejarlas rodar por tu cabeza como si fueran chícharos secos. Las mujeres hermosas son especialmente intimidantes, ¿pero no crees que intimidan a todos los hombres? Esta es la principal causa de que muchas mujeres adorables pasen la noche del sábado a solas en su casa.

Debes atreverte —la única razón para hacerlo es probarte que puedes—. Ahora, ¿cuál es la mejor manera de pedirle a una mujer que salga contigo? La respuesta es simple: la mejor manera es preguntar directamente. La mayoría de los hombres ven al suelo y murmuran, "¿Te gustaría salir por allí alguna vez?" ¡Sé específico! Di, "Hey, acabo de ganarme dos boletos para el concierto de las *Ardillas Extraterrestres*. Me gustaría que fueras conmigo." En ocasiones, dependiendo de lo mucho o poco que conozcas a la mujer, es mejor sugerir una comida o una actividad vespertina. Las citas nocturnas pueden parecer un poco más pesadas o comprometedoras. Recuerda que la apariencia es la primera impresión de tu persona y, siendo así, lo más probable es que te diga "sí". ¿Por qué?

Porque ya has aprendido a acercarte a ellas, estás vestido para el éxito, y tienes ya la confianza que proviene de entender a las mujeres y su manera de pensar. Después de todo, si te dice algo que no sea sí, he aquí lo que debes interpretar:

"Tal vez en otra ocasión".	Significa No
"Tengo novio".	Significa No
"Últimamente estoy muy ocupada".	Significa No
"Yo te llamo después."	Significa No
"No salgo con nadie en estos días".	Significa No
"Soy lesbiana".	Significa No
"Eres muy agradable, pero..."	Significa No

Otro secreto para superar el temor al rechazo es saber cuando no se ha de tomar el rechazo como algo personal. Es común —demasiado común—, que cuando una mujer dice "no" se debe a que no ha tenido suficiente tiempo para meditar sobre sus sentimientos. Se siente presionada para contestar de inmediato. En nuestros días, las mujeres necesitan ser muy precavidas. ¿Cómo puede ella saber que no eres un violador, un degenerado o un asesino? Lo mejor es dejar que el tiempo te ayude a conocerla mejor antes de pedirle que salgan juntos. El tiempo es tu mejor aliado.

Por otra parte, ¿a quién le gusta gastar N$300 en bebidas para descubrir que la mujer de sus sueños es en verdad una cajera de Brooklyn que se llama "Mary"?

No te aconsejo que practiques diálogos imaginarios frente al espejo. Puede ser negativo el que tú mires tus defectos al actuar frente al espejo; lo más seguro es que tu atención esté puesta en lo malo y no en lo bueno. Además, a ellas no les gusta darse cuenta de que les dicen cosas de memoria. Es mucho mejor que te atrevas a hacer las cosas aunque cometas errores (los errores pueden ser encantadores). Apréciala como mujer, pero antes piensa en que ella es también un ser humano. Ella está tan nerviosa como lo estás tú. Es probable que se muestre tímida o reservada. Puedo garantizarte que su máxima preocupación es cómo actuar para que no te arrepientas de haberle pedido una cita.

Staci:

Hay una muchacha que me gusta mucho. Salimos todo el tiempo; yo la llevo a buenos lugares, pago las cuentas, pero cuando trato de tomar la iniciativa ella me dice que solo quiere que seamos amigos. ¿Me está rechazando o qué?

Miguel, Santa Monica, CA

Querido Miguel:

¡El viejo truco de los "amigos"! ¡Hay quienes son expertos en jugar ese juego! Si tratamos de traducir sus palabras a un lenguaje sincero, esto significa "Me caes bien, eres atento y eso me gusta, pero no me atraes lo suficiente como para tener sexo contigo." Sé que es doloroso, pero debes confiar en lo que te digo. ¿Qué hacer? Bueno Miguel, ya es hora de que pruebes tu valentía. ¿Te gusta lo suficiente como para ser su eterno amigo? En caso de que tu respuesta sea afirmativa, debes poner freno a tus hormonas porque ella no va a cambiar. A fin de cuentas, quien debe cambiar eres tú. Si comienzas a salir con otras mujeres es probable que encuentres una mujer con la que tengas "química"; además, tu amiga también puede sumarse a la fiesta. Debo ser categórico en sugerirte que no salgas con otra para provocarle celos a tu amiga. Pase lo que pase no le mientas diciendo que estás saliendo con otra (las mujeres se huelen esta treta con la misma facilidad que los sabuesos huelen su comida). No trates de inventar historias absurdas: deja que se entere por sí sola de que estás saliendo con alguien cuando en verdad lo estés haciendo. Si a pesar de haberse enterado espontáneamente ella no muestra interés por ti, deja que tu amistad pase al baúl de los recuerdos y la experiencia. Ella no se interesa por ti. La pregunta que debes hacerte es: ¿Le intereso yo o todas las atenciones que le prodigo? Buena pregunta, ¿no crees?

Capítulo 7

Cuál es tu signo del "zodiaco" y otras formas de suicidio social

Cómo conocer mujeres

osotros somos los protagonistas del ritual de apareamiento más extraño y complejo del reino animal; los humanos nos esforzamos —y vaya que hacemos un gran esfuerzo— para conocernos los unos a los otros. La literatura está llena de esquemas enfermizos para insinuar la atracción que sentimos hacia la persona amada. El personaje principal se viste de mujer o la mujer de hombre (*Como a ti te Gusta)*, viajan grandes distancias (*Romeo y Julieta)*, sólo para matarse triunfalmente (*Antonio y Cleopatra, Ana Karenina* de Tolstoi, *Madame Bovary* y *Nana* de Flaubert. Pienso que necesariamente debe existir una forma más sencilla para lograr la tarea básica de encontrar pareja.

En épocas pasadas las parejas se formaban por la voluntad de los padres o de personas ajenas a la pareja misma. Los matrimonios dependían en un 95 por ciento de lo financiero y sólo un 5 por ciento tenía que ver con la compatibilidad. El amor era una actividad clandestina que daba como resultado deudas y bastardos. Carlos II de Inglaterra (entre otros muchos monarcas) tuvo más de veinte hijos ilegítimos y casi lleva su país a la bancarrota con tal de mantenerlos como él quería. Lo que quiero decir es que, por muy desprestigiadas que estén, las costumbres modernas son, por mucho, las mejores.

La crisis de las muchas personas que no conocen miembros del sexo opuesto aumentan, en gran medida, en razón de la molesta propensión que las mujeres muestran por permanecer sentadas aguardando la llegada del principe azul haciéndose las interesantes. Incluso los servicios que consiguen pareja tienen problemas para mantener una cantidad aceptable de mujeres enroladas (entre 60 y 65 por ciento de los miembros de estos servicios son hombres.) ¿Qué deben hacer los muchachos simpáticos, agradables y SOLITARIOS? Examinemos las opciones pertinentes:

Bares

Esta categoría incluye a los centros nocturnos, discotecas, restaurantes; en resumen, abarca cualquier lugar en que se expendan bebidas alcohólicas.

Pros:

Si la variedad es como la sal de la vida, los bares ofrecen tanta variedad que pueden llegar a darle sabor a la vida. Ofrecen una gran oportunidad para medir el terreno antes de elegir la mujer a la que uno se aproximará. Los bares pueden aumentar tu confianza en ti mismo o activar tu ego de manera que empieces a aumentar el espesor de tu piel para no sentirte herido, a mejorar tu gusto, tu sentido de la oportunidad, tu habilidad y tu buena apariencia personal. Si, por casualidad, eres rechazado por una de las que te gustan, siempre hay muchas otras mujeres disponibles. Las probabilidades de tener éxito dependen considerablemente de la cantidad de mujeres a las que te acerques.

Contras:

En los bares hay mujeres disponibles y no disponibles. El problema principal consiste en detectar cuáles están dispuestas a conocer a alguien y cuales no. La mayoría de los hombres no buscan a su futura esposa en los bares y, en ocasiones, ni siquiera buscan una novia. Gran parte de los hombres buscan aventura, contacto. Por otra parte, la mayoría de las mujeres van a coquetear a los bares puesto que los consideran como ambientes superficiales (lo que significa que todo mundo es evaluado dependiendo de cómo se ve). Saben que todo depende de lo bien que se vean (altura, belleza, riqueza, disponibilidad). Las provocaciones sexuales de muchas mujeres que van a bares no son mas que humo y espejos, es decir, puras ilusiones. No deje que las minifaldas entalladas y los escotes atrevidos le decepcionen. Estas características no suelen ser una invitación al sexo. La mayoría de las mujeres usan ropa sexy porque las hace sentir deseables —no para que las atosiguen, provoquen, manoseen o para que las traten como si fueran prostitutas—. Recuerde también que la cerveza bebida puede beneficiar su elocuencia pero afectar su desempeño en la cama. La impotencia es buena amiga del alcohol. Si se presenta un encuentro sexual DEBE usar condón y no maneje a casa (si está tomado) ni tampoco deje que ella maneje (si está tomada). Los hombres sabios están conscientes de que las mujeres usan el sexo para establecer intimidad, cercanía, mientras que muchos hombres —entre los que se cuenta usted, probablemente— utilizan el sexo tan sólo para tener sexo. Tomando esto en cuenta, no trate a las mujeres como si fueran un condón usado. En los ambientes sociales como los bares, se corre la voz muy rápido respecto a lo sucedido entre personas que asisten regularmente.

Los servicios de citas

Estos incluyen los que ofrecen videos que uno ve junto con archivos de perfiles que han de tomarse en cuenta; las compañías que forman parejas se basan en ciertos criterios muy bien delimitados. También me refiero a las compañías que enseñan fotos para que se haga un elección con ayuda de un mediador.

PROS

Los mensajes que se obtienen en estas agencias son mucho menos confusos que los que se presentan en un bar. Se trata de mensajes transparentes, punzantes, directos e impersonales —nunca se tiene que abordar a una mujer cara a cara—. Los rechazos (si es que se presentan) pierden su capacidad de herir: el servicio y sus intermediarios se encargan de dar las respuestas positivas o negativas a cualquier propuesta. Las citas por video (que son tal vez la mejor opción) le permiten decidir con quién quiere salir. Por otra parte, estos servicios se basan en un conjunto de pruebas de compatibilidad que facilitan la elección y, en algunos casos, las computadoras realizan la selección de parejas probables. Uno puede ver en la privacidad de un cubículo o en casa a las parejas potenciales; se puede escuchar lo que tienen que decir y leer los datos más importantes de su vida en fichas muy concretas. Otro factor positivo es que permite que las citas se realicen cuando usted quiera o pueda. No tiene que preocuparse por el qué dirá cuando pregunta si ella fuma, tiene hijos, si ha estado casada o si se divorciará pronto.

Contras

Las agencias que consiguen pareja no son organizaciones de caridad. Se parecen más a las compañías de seguros, es decir, tienen como objetivo ganar dinero. Pueden llegar a ser muy caras —hay algunas que cobran más de 2000 dólares—. Esto tiene la desventaja de que se pierde la oportunidad de conocer a muchas mujeres inteligentes, amorosas y comprensivas a las que no les sobra el dinero. Además se inscribe un porcentaje muy superior de hombres que de mujeres, aunque muchas agencias ofrecen descuentos importantes para las mujeres que se inscriben. También existe un prejuicio que consiste en que no es bueno tener que recurrir a estos servicios para obtener una cita. No olvide que estas agencias admiten a cualquiera que desea entrar al sistema, así que cuídese de los datos que la gente expone. No crea a ciegas en lo que le dice el empleado. Existe la posibilidad de que ella esté casada, enferma, de que haya salido de prisión o que tenga veinte hijos por más que afirme que no tiene ni uno. Si se decide por esta opción, hágalo con los ojos bien abiertos.

Fiestas

Este apartado incluye las reuniones formales e informales, los días de campo, las visitas a galerías, inauguraciones o cualquier otra reunión social entre amigos o extraños.

Pros

Mientras más gente conozca, mayores serán las posibilidades de que le presenten a alguien maravilloso. No tema que los demás se enteren de que quiere conocer a alguien (las esposas y novias de los amigos cercanos suelen ser estupendos intermediarios). Haga un esfuerzo por conversar con cualquiera que parezca interesante, incluyendo a otros hombres. Ellos tienen amigas, hermanas y primas. Recuerde que el principal objetivo debe ser divertirse en las fiestas, no estar obsesionado por encontrar pareja como si fuera un hambriento marinero que desembarca después de seis meses en altamar. No se engañe pensando que las mujeres no disponen de un "detector de lobos hambrientos" porque en verdad lo tienen. La mejor manera de disimular su hambre sexual es no preocuparse mucho por ella. No piense que puede disfrazar sus intenciones. Lo que sí puede hacer es comunicar la intención haciéndola parecer como algo muy natural a lo que no se tiene que prestar mucha atención. Cambie su actitud y sus objetivos. Asista a las fiestas con el afán de divertirse y hacer amigos. Cualquier encuentro sexual es mera coincidencia entretenida.

Contras

Recuerde que incluso los hombres más guapos, confiados y

extrovertidos tienen momentos de duda. Todos nos pregun-
tamos alguna vez, "¿Podré hacer esto?" Las fiestas pueden ser
una tortura para cualquiera. A pesar de que hagamos nuestro
mejor esfuerzo por parecer inteligentes o con chispa, las
conversaciones decaen, lo sublime degenera en algo trivial y
siempre hay alguien más guapo, rico o que tiene más cabello.
A veces bebemos para superar la timidez y lo único que
logramos es romper la porcelana del baño o la sala. En eso
terminan muchas de las ilusiones de un encuentro social. ¿Por
qué no tomarlo a la ligera? ¡Haga que otra persona realice
el trabajo difícil!

Usted la mira. Es muy hermosa. Observe y fíjese con quien
conversa. Cuando algún miembro de su grupo se acerque al
lugar en que sirven las bebidas preséntese con él/ella,
discúlpese por ser tan atrevido y luego pida que le presente a
esa mujer tan absolutamente adorable. Sea directo sin pasarse
de la raya llegando a la imprudencia; trate de no mostrarse
agresivo. La presencia de otras personas le puede ayudar a
superar su timidez puesto que no tiene que pensar en algo
brillante que decir. Las presentaciones son encantadoras. Nos
regresan a la época de la caballerosidad y el respeto. A ninguna
mujer le gusta que un hombre de mirada torva ronde sin
quitarle los ojos de encima. Esa actitud murió junto con los
zapatos de plataforma alta en los años setenta.

La tienda de la esquina

Aquí se incluyen todos los establecimientos comerciales o
lugares públicos en que los hombres y mujeres se reúnen.

PROS

Las mujeres compran. Armadas con chequera y tarjetas de crédito, van en masa a buscar el zapato perfecto, el vestido ideal o el yoghurt indicado. Y qué decir de los alimentos de gourmet. Un hombre perspicaz puede averiguar mucho sobre una mujer por el tipo de comida que lleva en el carrito del super (¿Casada? ¡Soltera? ¡Niños? ¡Gatos? ¡Perros?). Puede establecer una conversación con ella en el pasillo de las sopas enlatadas.

CONTRAS

Cuando se acerque a una mujer en un lugar público recuerde que usted es un extraño para ella. Puede que para ella sea atemorizante hablar con alguien que no conoce. La verdad es que se enfrenta a una posibilidad muy remota de iniciar una conversación. Dese cuenta de que cualquier movimiento será sospechoso, así que sus motivos para hacerlo deben ser transparentes como el agua. No trate de fingir casualidad (casualmente choqué mi carro con el suyo, casualmente me disculpé y casualmente pregunté su opinión sobre las diversas marcas de mantequilla). Sea honesto con las razones que le llevan a aproximarse —siempre dentro de lo razonable—. Lo razonable implica no decirle que se acerca a ella "por sus enormes nalgas" y otras delicadezas por el estilo. Una opción interesante puede ser:

> "Me siento bastante tonto al acercarme a usted. No la conozco y la verdad no soy muy bueno para estas cosas, pero me arrepentiría toda la vida si no le dijera 'hola'".

Ó

"Durante los últimos diez minutos he estado tomando valor para decirle 'hola'. Pensé que me sentiría tonto pero ahora, cuando hablo con usted, es mucho más fácil de lo que imaginé."

Si ella se muestra receptiva, converse un poco y siga adelante. *No la invite a salir.* Dele tiempo de terminar sus compras y después vuelva acercarse cuando ella ya haya tenido la oportunidad de:

1. Superar la impresión sorpresiva inicial;
2. Desarrollar una gran curiosidad sobre usted;
3. Ilusionarse por las posibilidades románticas del encuentro.

Nunca, nunca jamás se insinúe o trate de hacerse el Casanova. Parecerá que hace este tipo de cosas todo el tiempo. Mientras más ingenuo y tímido se vea, mejor. Cuando la invite a tomar un café pídale el teléfono del trabajo y ofrézcale el suyo. Si quiere, puede darle el teléfono de su casa y el de la oficina para demostrar veracidad y credibilidad.

Citas a Ciegas

En este rubro se abarcan las citas con personas que sus amigos le presentan como recurso de "emergencia".

PROS

Las mujeres más estimulantes son las que nos presentan los amigos. Haga tantas amistades como pueda —hombres y mujeres—. Los amigos tienen amigas, hermanas, primas y le podrán presentar a cualquiera si usted lo solicita. En resumen, la mejor manera de conocer a una mujer es que se la presenten. Muchas mujeres tienen miedo de salir con hombres que no conocen o con quienes no tienen relaciones en común. Si usted entra en actividades que le interesen —ya se trate de ornitología o cerámica— conocerá gente (¡mujeres también!).

El conocer personas por medio de amistades es quizás la mejor manera de encontrar un Otro Significativo. Usted no la tendrá nerviosa puesto que ya ha sido "pre-aprobado" por amigos mutuos. Si hemos de considerar que el dicho "Las aves similares se unen en la misma parvada" encierra algo de verdad, es muy probable que tengan cosas en común. Si existe timidez inicial de su parte, puede estar seguro de que ella se siente igual. De nuevo, le exhorto a ser honesto —la honestidad es la mejor de las armas—. Un oportuno...

"¡Estaba un poco nervioso de venir aquí!"

O

"Tenía una sensación extraña al venir a una cita a ciegas. Esperaba una cita de pesadilla al estilo de Woody Allen, pero la verdad esto es muy diferente. Creo que me siento bastante bien."

Las sospechas en las citas a ciegas son un problema universal. Sin embargo al poco tiempo se sentirá en tierra conocida.

Recuerde: cuando un hombre habla sobre sus sentimientos con naturalidad y candor la mayoría de las mujeres responden.

Contras

Por obvias razones, si va a una cita a ciegas no se haga ilusiones sobre cómo será la mujer; mejor espere hasta verla en persona. Si la encuentra atractiva, dígaselo. Si ella es la última mujer con la que le gustaría estar, váyase a casa temprano. *Nunca le diga a una mujer que la llamará por teléfono si no pretende hacerlo.* Es cruel. Una frase educada como "Gracias por una buena velada" será suficiente.

La búsqueda abierta

Incluye todo tipo de avisos en periódicos y revistas en los que los solteros buscan solteros. Ejemplo:

> "DWF, en forma, simpático y fabuloso. Me gusta Beethoven, Le Courvoissier y los viajes espontáneos a la playa. Si tú tienes entre 35 y 50 años, eres responsable, tienes buen humor, hijos ya grandes o casi, anímate a trepar a mi torre de marfil. Solo se responderá a los pretendientes serios."

Pros

Nadie puede resistir la curiosidad de leer estos anuncios. ¿Quién no se ha imaginado lo que podría pasar si pusiera un anuncio de esos? En este tipo de encuentro existe un elemento de misterio e intriga que no tiene la cita a ciegas.

Contras

Estos anuncios, como casi cualquier aspecto de la vida, son una apuesta. Algunas mujeres serán maravillosas y otras le harán sentir deseos de usar un nombre falso. No caiga en la tentación de esconderse si la cita de sus sueños resulta una especie de Brujilda. Usted se sentiría terrible si alguien se escondiera o huyera después de verlo. No todos son 100 por ciento honestos sobre su aspecto. Para evitar malentendidos, algunos anunciantes especifican qué buscan (peso, color del cabello, edad, etc.) pero quienes han tenido éxito en estas tentativas aconsejan tener una mentalidad abierta y receptiva. "Uno nunca sabe qué busca hasta que lo encuentra," dice David B., quien conoció a Tammy, su esposa desde hace diez años por medio de estos anuncios.

Cuando redacte sus anuncios, piense en algo cálido e imaginativo. Si usted está enfermo de algo (herpes por ejemplo), podría poner eso antes que nada. No diga ser millonario si no lo es. Esta treta siempre termina mal. La sección de anuncios personales no es un espacio para la mentira y el perjurio.

Las clases

Aquí se incluye la educación continua, las clases nocturnas, los seminarios, las conferencias, etcétera.

Pros

Las clases son una gran manera de conocer gente puesto que dan la oportunidad de ejercitar su mente y su talento con una naturalidad que el trabajo nunca le ofrecerá. En el ambiente de un salón de clases, hablar con la gente es tan simple como encontrar algo de qué hablar. Si su voz es grave y sonora, tome una clase en la que pueda hablar. ¿Tiene fantasías estilo James Bond? Entonces intente tomar unas clases de investigador privado. Usted se desempeñará mejor si se está divirtiendo.

Contras

El tiempo y el dinero siempre escasean pero las prioridades son prioridades: si usted busca una mujer brillante y curiosa, incríbase en algún curso. El error más grande que cometen los hombres cuando tratan de conocer mujeres en los cursos es inscribirse en los talleres de macramé o danza clásica (seguro que conocerán mujeres muy dulces) cuando en realidad desean aprender arqueología. Siempre inscríbase en cursos que le interesen sin importar la cantidad de mujeres que puedan asistir. Cuando finalmente conozca a alguien supongo que deseará tener algo de qué hablar, ¿o no? Se sentirá más atraído y será más atractivo con las mujeres que tienen algo en común con usted. Tal vez necesite entrar a dos o tres clases antes de encontrar a alguien que le excite, ¡pero imagínese lo culto que será cuando la encuentre!

Evite meter la pata

Hay un acuerdo tácito entre los sexos: los hombres hablan y las mujeres escuchan. Todos estamos de acuerdo con eso; fíjese en los grupos de personas que conversan y verá. Pero nadie quiere escuchar todo el tiempo. No es que los beneficios de que alguien le escuche hablar sobre sus sentimientos, pensamientos y ansiedades sean pocos, pero las ventajas de Escuchar son dobles:

1. Usted no tendrá que divertir y
2. Puede aprender mucho sobre la persona que habla.

Lo mejor de escuchar activamente es que la gente lo considera encantador y agradable. Los escuchas activos hacen preguntas que comienzan con un "qué"; estas preguntas abren la puerta a muchísimos temas y una multitud de probables respuestas ("*¿Qué* es lo que más/menos te gusta de tu trabajo?" "*¿Qué* película te ha dado más miedo?"). No sucede lo mismo con las preguntas que comienzan con un "por qué" en las que se exige una justificación ("*¿Por qué* te mudaste allí?" "*¿Por qué* son así las mujeres?") Las preguntas tipo "qué" ayudan a crear un ambiente agradable y aumentan el interés, lo cuál es mucho más sencillo de lo que muchos hombres se imaginan.

Para muchos hombres lo más difícil de lograr cuando se habla con el bello sexo es establecer contacto visual. Si usted mira a otra parte cuando ella le cuenta anécdotas sobre su infancia se podría interpretar como aburrimiento o desinterés. Podría ser un reto, pero establezca todo el contacto visual que le sea posible.

La primera cita

Las primeras citas deben ser una obra de arte minimalista. Una sola flor, por ejemplo, es mucho más elocuente que dos docenas. Las citas para comer se están volviendo muy populares porque carecen del erotismo implícito en las cenas, mismas que pueden asustar a las mujeres que no le conocen bien. Haga planes para encontrarse en un museo o una cafetería. Prepare un par de sandwiches y coman en un parque. Un hombre que entrevisté llevaba a las mujeres en la primera cita a clases de danza para principiantes. A otros les gusta patinar sobre hielo. El hacer algo físico (aparte de hacer el amor) construye un ambiente de confianza inmediata. Después de todo, la mayoría de nosotros tiene la habilidad de reír de sí mismos o de los errores de los demás. Pero si usted quiere llegar a tener una relación sexual con esta mujer, de ninguna manera recomiendo que lo intente desde la primera cita. Las primeras citas sirven para divertirse y para asegurarse de que se caen bien. Además, hágase a la idea de que sus posibilidades de un encuentro sexual en la primera cita son bastante remotas. Un beso en la mejilla no sólo es amigable sino que hace pensar en por qué no se dio el beso en la boca y eso, amigos míos, ¡hará que ella piense obsesivamente en ustedes!

¿Y ahora qué?

Bien; ya han pasado un momento muy agradable juntos. Ella le gusta, tiene un gran sentido del humor —por no mencionar su cuerpo y su rostro—. Al día siguiente, mientras maneja para ir al trabajo, se sorprende sonriendo sin una razón aparente. El tráfico no le importa mucho. Le encantaría volverla a ver pero no quiere dar la impresión de estar demasiado impaciente y ansioso.

Ahora pongamos manos a la obra con la estrategia. Si ella usa una contestadora telefónica, llámela para reiterar el buen momento que pasó con ella, dándole las gracias por haber ido. Eso es. No deje mensajes con compañeras de cuarto, un niño, su madre o una niñera. El romance florece en la tibieza de la privacía así que no debe apenarla al enterar a todo mundo de lo sucedido. Ahora —y esta es la parte difícil— no la llame en tres días.

Puede no ser agradable, pero es verdad: el romance se alimenta de la incertidumbre. La llamada posterior a la cita fue una delicadeza necesaria. Pero durante el lapso de tres días, ella experimentará muchas emociones: alegría, desilusión..., quizás deseo. Los hombres inteligentes no se dejan atrapar fácilmente, pero tampoco juegan con las mujeres. No manipulan a las mujeres al desaparecer constantemente por varios días seguidos —esto en caso de que intente lograr una relación sólida.

Tal vez durante su segunda cita deba ser un poco más romántico. Vaya a cenar. Haga que le lean la mano o vaya a la ópera. Este es el momento de iniciar el contacto físico (tomarla de la mano) pero recuerde que eso no significa meterle la lengua hasta la garganta. Es muy común que si un hombre se comporta respetuoso la mujer es la que inicia el contacto. Mientras más agresivo sea, ella estará más reticente. Actúe como caballero. Es muy difícil que una mujer desee tener sexo con alguien que continuamente insiste en ello.

No importa si se muere por hacerle el amor: yo le aconsejo que espere. Si ella es la mujer indicada, dispondrán del resto de su vida para hacer el amor. El crear un sano apetito sexual en la pareja es más excitante que dejarse ir a la primera provocación. Teniendo eso en mente, hablemos de...

El primer movimiento

Menos significa más. Usted no tiene que atosigar a esta mujer para dejar claras sus intenciones o lograr lo que quiere. Deje que ella venga a usted. Ahora que ya es maestro en las técnicas de beso más sofisticadas del mundo, hágala esperar hasta la tercera, cuarta o quinta cita. Más si es posible. El sexo rápido pierde encanto cuando se fracasa en prolongar sus delicias. Para ella, "todo el asunto sexual" debe ser tranquilo, placentero, natural. Usted le estará dando un respiro, una oportunidad para relajarse y experimentar el erotismo. ¡Los hombres verdaderamente seguros de sí mismos no tienen nada que probar al llevarse a una mujer a la cama rápidamente! Nunca tienen prisa.

Capítulo 8

La ropa hace al hombre

Muchas mujeres piensan que los hombres se visten como tribilín. Esto no quiere decir que no haya mujeres que parecen hojas de lechuga en poliester. El caso es que existen millones de razones para vestir bien —confianza, autoridad, *sex appeal* y demás—. Somos juzgados por nuestra vestimenta. Por lo tanto, es muy difícil que el usar calcetines negros con sandalias le ayude a proyectar la imagen deseada. Tampoco se trata de que mamá, la tía pepa o la prima Toña le llenen el ropero con playeras Polo.

No. Usted debe decidir por sí mismo qué tipo de imagen es la que desea proyectar para conocer a determinado tipo de mujer. Tendrá que cuidar de que la imagen elegida corresponda con su personalidad, es decir, que sea acorde con naturalidad. La siguiente lista le puede ser de utilidad para hacerse una idea del tipo de imagen que desea proyectar. Debo advertirle que si tiene cincuenta años y usa un Rolex, un atuendo casual de playa no hará que las jovencitas lo volteen a ver, sino que provocará la expresión de asombro de las mujeres mayores. Pocas cosas son tan ridículas que los jóvenes que quieren parecer mayores o los mayores que tratan de parecer adolescentes. Veamos que opina de los siguientes ejemplos:

El estilo: Mujeres que lo encuentran sexy

Julio Iglesias

Traje italiano bien cortado, sin chaleco, de color uniforme, con la cintura marcada. Corbata delgada.

Secretarias, mujeres de negocios, mujeres europeas, latinas, artistas de la plástica, universitarias o damas con alto grado de educación.

Robert Redford

Saco sport de buena tela, camisas de cuello de tortuga, telas caqui de casa, ligeras, chamarras de piel elegantes, suéteres tejidos.

Colegialas, universitarias, amas de casa, escritoras, maestras, músicos de clásico o jazz o los de tendencia política liberal.

Don Johnson (Miami vice)

Cualquier ropa de colores contrastantes como las playeras y sacos de lino que fueron muy populares en un tiempo. También piense en chamarras gruesas, pantalones de *tweed* con camisa blanca; es el tipo de ropa que se usa para ir a la discoteca o a un centro nocturno.

Bailarinas exóticas, mujeres de menos de 25 años, meseras, sobrecargos, demostradoras o las muy complacientes.

Patrick Swayze:

Cabello largo, playeras sin mangas, pantalones holgados, shorts, bron-

Mujeres que gustan de la playa, estudiantes, muchachas que viven

ceado perfecto, zapatos tennis o de los llamados top-siders.

con sus padres, recepcionistas, atletas, instructoras de aerobic.

Clint Eastwood:

Pantalones de mezclilla entallados, playera negra, sombrero de vaquero (opcional), botas, cinturón con hebilla grande, pose de rudo.

Cualquier mujer de Texas, hijas de granjeros, mujeres de la clase trabajadora, mujeres con una debilidad por los chicos malos y rebeldes.

¿Debe usted tratar de adoptar un estilo en particular? Quizás, quizás no. Lo que sí debe hacer es conseguir una tienda en la que se sienta cómodo, un vendedor con el que pueda hablar sobre la compra de ropa especialmente pensada para agradar a las mujeres y, sobre todo, ¡no siga las instrucciones de su mamá! Lo anterior se aplica especialmente en la ropa casual. Muchos hombres usan:

1. Pantalones muy aguados en el trasero;
2. Playeras con cuello anticuado;
3. Playeras con leyendas vulgares o tontas;
4. Ropa muy holgada. La ropa holgada puede ser cómoda, pero no es sexy.

Para aquellos que son calvos o que se están quedando calvos, aconsejo que *nunca* deje crecer la parte lateral de la cabellera para después enrollárselo en la parte superior de la cabeza. Se ve horrible. Además todo mundo se da cuenta. Muy pocas mujeres se niegan a salir con hombres calvos y, más aún, muchas los encuentran atractivos. Sean Connery es un ejemplo clásico de alguien que se ve mejor calvo que con pelo. No deje que su cabello escaso le detenga. Eso sí: ¡Por favor no se compre un bisoñé! Es lo peor que puede hacer.

A las mujeres les gustan los hombres que están en buena forma, así como a los hombres les gustan las mujeres con buen cuerpo. Las pesas tienen efectos muy positivos en el cuerpo de los hombres, así que anímese a entrar a un gimnasio. Además, ¿qué mejor manera de conocer mujeres atractivas?

La loción para después de afeitarse es agradable, al igual que el agua de colonia, pero no escatime en gastos. No los use en demasía; gaste un poco más y huela mejor gracias a esos dólares demás. En cuanto a la joyería, ¡olvídese de los anillos enormes o de las muchas cadenas de oro!

Si usa barba o bigote, manténgalo peínados y bien arreglados en todo momento. Si se rasura, esté seguro de estar bien rasurado siempre. Pocas cosas irritan más la piel de una mujer que la sombra de las seis de la tarde. No se olvide de limpiar sus uñas. ¿Habré olvidado algo?

Bueno; ahora ya está listo para salir al mundo y probar lo mejor de él. Se ve bien, se siente confiado y emana un magnetismo animal. Es muy importante que posea las más exquisitas técnicas sexuales conocidas por la humanidad; porque ahora es un experto en enloquecer a las mujeres en la cama. Ya es hora de salir a encontrar esa mujer sensible, inteligente y bella con quien poner en práctica las cuestiones fundamentales de que trata este libro.

¡Usted tiene todo para volverlas locas!

Capítulo 9

El Beso

¿Recuerda los días de la preparatoria? Besábamos como si nuestra vida dependiera de ello: mucha saliva y lengua de sobra. Lengua salvaje. Tratábamos de meter la lengua en cada orificio que encontrábamos. Eso está bien para los muchachos jóvenes, pero ahora que somos adultos debemos enmendar el camino. Debemos besar como adultos, ¿no cree?

El beso es la primera forma de jugueteo previo al sexo. Puede ser muy excitante en sí mismo, terriblemente sexy. Pero me temo que el beso es un arte en peligro de extinción.

Comencemos con los labios. No use su lengua de inmediato. Bese solamente los labios durante un rato. Tal vez deseé acariciar el rostro de ella. Juegue con su labio inferior; con el superior. Después comience a tocar sus labios con la punta de la lengua. Debe saber que a algunas mujeres les gusta que les chupen la lengua, pero a la mayoría les desagrada.

Explore un poco sus encías..., su paladar..., sus dientes. Todas esas partes son sensibles. Combine los besos de lengua con los labiales. Los besos pueden ser la chispa que desencadene el fuego si usted sabe cómo hacerlo.

¿Se acuerda de cómo, en sus años de escuela, acostumbraba meter la lengua en la oreja de las muchachas simulando una relación sexual? Aunque esto no siempre sabía bien, era divertido. El truco consiste en no retacar su lengua en el oído sino sólo tocarlo delicadamente, recorriendo cada pliegue. Eso provocará escalofríos que la harán estremecer.

La nuca es una zona erógena muy sensible. La simple presencia del aliento puede hacer estragos en ella. También debe besar rápida y delicadamente sus manos, los brazos, la espalda. En la espalda existen vellos delgadísimos y discretos que usted debe mover con su aliento. Muerda ligeramente una nalga, las corvas..., acaricie la punta de sus pies (¡suponiendo que estén frescos después de un baño!). Meta el dedo gordo en su boca una y otra vez. Varíe el lugar en que besa (un beso en la cadera, en el estómago, en el hombro). Después de todo esto usted puede subir al panel de control, es decir, a los senos.

El tamaño de los senos no tiene nada que ver con la sensibilidad. Muchos hombres piensan que los senos grandes son menos sensibles que los pequeños. No es verdad. Los senos tienen una sensibilidad distinta dependiendo de la época del mes.

Antes que nada, junte suavemente los dos senos. Eso facilita el paso de uno al otro cuando los besa.

Ahora, con la lengua extendida y los labios separados de la piel, lama alrededor del pezón. Es importante que los labios no toquen la piel por el momento puesto que el aire debe circular. ¿Por qué? Se siente mejor. La sensación no es "ahogada". Es hermoso que chupen el pezón, pero asegúrese de comenzar sólo con la lengua para que los pezones se endurezcan. Los pezones erguidos tienen un máximo de sensibilidad.

A muchas mujeres les gusta que se haga presión ligera en sus pezones. Si usa sus dedos para acariciarlos, asegúrese de que estén húmedos y de que abarquen todo el pezón y su área circundante. ¡Se siente maravilloso al soplar en un pezón húmedo!

Pruebe con distintos métodos de seducción. Tápele los ojos y acaríciela con varias texturas —una toalla de algodón, un pedazo de satín, una pluma mojada en aceites aromáticos—. Sea imaginativo. Haga que ella adivine qué tipo de objeto está usando para estimularla. Tal vez le guste untarla de miel, chocolate, jarabe, o crema batida. Averigüe cuáles son los jugueteos preferidos de su pareja.

Estas son las zonas erógenas que debe aprenderse de memoria:

- ✔ La sien
- ✔ La nuca
- ✔ Las cejas
- ✔ La lengua
- ✔ Las orejas
- ✔ Las encías
- ✔ Los labios
- ✔ El paladar
- ✔ Los lóbulos
- ✔ Las nalgas
- ✔ Las corvas
- ✔ Los pezones
- ✔ Los pómulos
- ✔ El área pélvica
- ✔ La espina dorsal
- ✔ La planta de los pies
- ✔ Los dedos de los pies
- ✔ La palma de las manos
- ✔ La parte interior de los muslos

No olvide que lo más excitante es reconocer y gozar del perfume natural que mana de la piel de las mujeres.

Capítulo 10

El lenguaje del cuerpo

Regla #1

Cuando hable de sexo con alguna mujer, nunca haga preguntas directas. Ejemplo:

Usted: "¿Te gusto?"
Ella: "Ah, sí, claro que sí cariño."

Muchas mujeres son muy reservadas y cerradas como almejas cuando se trata de cuestiones íntimas, como el sexo por ejemplo. Si trata de forzarla, ella se sentirá incómoda. Cuando usted trate de sondear a una mujer, trate de hacerlo indirectamente. Los medios indirectos siempre han sido una facultad que las mujeres desarrollan muy bien. Las mujeres, desde tiempos inmemoriales, han usado los métodos indirectos con efectividad devastadora para los hombres con quienes viven. Es por eso que su pareja siempre da la impresión de saber más sobre usted que usted sobre ella. Yo llamo a esta técnica "La Tercera Persona Invisible" porque usted siempre se referirá a algo o alguien que no está presente en el cuarto. Ejemplo:

Usted: (casualmente) "Cariño, hoy leí que el 75 por ciento de las parejas experimentan con el sexo anal. ¿Crees que sea cierto?"

Ella: "¿En dónde lo leíste?"

Usted: "En la oficina. Alguien olvidó una revista *Cosmopolitan* por allí."

Ella: "Te interesan ese tipo de cosas?"

Usted: "No sé. Nunca antes pensé en ello. Pero antes de intentarlo siquiera debo conocer tu opinión."

Ella: "Bueno, no creo que sea inmoral ni nada por el estilo."

Usted: "Oh, no creo que sea inmoral. Las parejas entrevistadas decían que era muy placentero."

Bueno. ¿Cree usted que ella se pondrá en posición de inmediato arrancándose la ropa? No, probablemente no. Pero usted ya ha dado inicio a una conversación interesante, ¿no es así? Ella se preguntará si usted tiene una preferencia particular por esta práctica. Su atención estará puesta en este asunto. Quizás hasta se ponga a revisar números atrasados de *Cosmopolitan* en busca del misterioso artículo. Más tarde, cuando se retome el tema al estar en la cama ya no será un asunto espinoso. Por supuesto, este tipo de recursos no son necesarios con mujeres que discuten abiertamente sobre su sexualidad. Hay muchas mujeres que pueden decir "pene" sin ruborizarse, pero otras no. Además de artículos diversos, usted también puede recurrir a amistades inventadas. Ejemplo:

Usted: "¿Sabes? Hoy conversaba con Bob y me dijo que a su esposa le gusta que le den nalgadas. ¿Puedes creerlo?"

Ella: "¿Nalgadas? Debes estar bromeando."

Usted: "No, es verdad. Un día le dio una nalgadita en el trasero y ella le rogó que siguiera haciéndolo."

Ella: "¡Dios mío! ¿Quiénes son estas personas? ¡Eso me parece depravado!"

No es necesario ser Freud para darse cuenta de que los juegos de nalgadas no se cuentan entre los preferidos de esta mujer. Déjelos para sus fantasías.

El *Kama Sutra*

El *Kama Sutra* es una famosa colección de textos sexuales explícitos que escribió un hindú llamado Vatsyayana alrededor del primer siglo antes de Cristo. Se han hecho tantas ediciones que es imposible que usted no lo encuentre en su librería preferida. Este tipo de textos e ilustraciones pueden ser muy útiles en el diálogo sexual. Ejemplo:

Ustedes dos están en el sofá echándole un ojo al libro picante que "Bob" le acaba de prestar. Llegan a la página en que aparece una ilustración de una mujer haciendo el sexo oral a su pareja. "Vaya, mira eso," dice usted. "Nada más de pensarlo me estremezco. ¿Qué te excita de esta ilustración?"

En este momento usted ya habrá logrado dos objetivos: ya ha dejado claro que el sexo oral es una prioridad y ha dejado la puerta abierta para que ella exponga sus preferencias. El objetivo es hablar de sexo en forma general, no personal, cuando trata de adivinar los deseos de una mujer. ¡Trate de ser tan natural como le sea posible!

Los lugares idóneos

COCHES

El lugar es casi tan importante como la manera de hacerlo. Ciertos lugares son más adecuados para compartir intimidad sexual. El coche, por ejemplo. Ustedes se encuentran en un espacio delimitado, tanto psicológica como físicamente; no es forzoso establecer contacto visual ni voltear la cara. Es por ello que considero que este es uno de los mejores lugares para discutir sobre sexo o cualquier otro tema que requiera tacto y diplomacia.

COMIDA

El sexo siempre ha estado relacionado con los rituales de la comida, así que las cenas son mi segunda opción favorita. Cuando estén frente a frente pueden ocuparse en comer. La comida es esencialmente sexual.

TELÉFONOS

Usted no puede ver su rostro al hablarle por teléfono, pero este anonimato compartido provoca que se sea más honesto al hablar de sexo. Ya que la conoce más o menos bien, puede decirle todas las cosas deliciosas y atrevidas que desearía hacerle.

LA CAMA

La cama es el último lugar en que deben sostener conversaciones prolongadas, sexuales o no —especialmente sobre temas espinosos—. ¿Por qué? Algunos lugares deben ser sagrados.

Uno nunca está tan desnudo y vulnerable como cuando duerme o hace el amor. La cama se convierte en una especie de puerto tranquilo, en un santuario para el retiro. De hecho, todas las discusiones sexuales, financieras, religiosas o políticas deben realizarse en otro lugar. Los sentimientos, buenos o malos, siempre echan raíces o se asocian con los lugares, al igual que sucede con la música escuchada en determinados momentos. Deje que la cama sea un lugar para sentirse como en vacaciones, no el escenario del conflicto.

Mantenga los ojos —y los oídos— abiertos en espera del momento adecuado para comenzar un diálogo sexual. La comunicación es la clave para casi todo.

Capítulo 11

El requisito del condón

HAY MUCHAS RAZONES PARA USAR UN CONDÓN

El virus VIH (que provoca el SIDA) es solamente uno de los desastres que se pueden contraer al no usar condón. El herpes es doloroso, incurable aunque tratable, y es humillante. La clymedia hará que una mujer sea estéril. La gonorrea es sumamente contagiosa y la sífilis, si no se la trata a tiempo, puede llevarle a la locura, la muerte o la esterilidad.

Lo verdaderamente triste es que se necesitó de todo esto para repensar seriamente en las virtudes de la monogamia. Por lo menos, los hombres que no están de acuerdo con la monogamia deben usar el condón. Están en juego cosas mucho más importantes que la disminución de la sensibilidad del pene. Lo más incómodo es tratar de ponérselos —en especial es desagradable hacer que la maldita cosa entre.

Si usted le pregunta a una persona que ha sido infectada con el virus VIH cómo contrajo la enfermedad, es probable que responda, "Porque no quise apenar a mi pareja sacando un condón." Entonces piense si es justo que esta persona esté muriendo gracias a su deseo de no apenar a la pareja al sacar un condón. Es trágico, ridículo y se puede evitar fácilmente.

Todos queremos gustar, ser amados. ¿Cuántos deseamos correr el riesgo de perder la confianza de alguien por el sólo hecho de no pedirle que se proteja y nos proteja? Debemos sacarnos de la cabeza la idea de que el SIDA sólo afecta a otros.

La solución es, simple y obvia. Ninguna persona se siente cómoda cuando la pareja detiene la relación sexual para insertarse un diafragma. Los condones también son anticonceptivos. En consecuencia, los amantes deben entender que el uso del condón es un requisito y que no debemos molestarnos por ello. No necesita decir absolutamente nada. No se requieren justificaciones, explicaciones o racionalizaciones. El truco consiste en tener el condón al alcance de la mano y abierto desde antes. Luego póngaselo. Los condones no son algo importante, a menos que usted les de una importancia que en realidad no tienen. Se parecen a las discusiones de sexo con sus hijos: si se siente incómodo va a comunicar esa incomodidad a los niños.

El problema empieza cuando tenemos relaciones sexuales con personas que no conocemos lo bastante bien como para hablar de enfermedades contagiosas. Esto es un error y un malentendido, pero no hay opción: **se debe usar el condón**, aunque no para siempre. Si parece que una relación tiene futuro, se puede comenzar a sondear la vida sexual pasada de la pareja, pero esto es tan científico y seguro como creer a ciegas en lo que dice la ouija. En realidad, la mejor solución es hacerse un examen de sangre, o de orina para otras enfermedades. Lo importante es que jamás se le haga sentir a la pareja que ella es sospechosa. Puede tratar con un comentario como el siguiente:

"Tú sabes, ya me estoy cansando de los condones. Quiero sentirte tal y como eres. Pero no quiero pegarte alguna enfermedad (en caso de que la tenga y no me haya dado cuenta). Pienso hacerme una prueba de sangre. Y me sentiría mucho mejor si ambos supiéramos que estamos sanos. Ya no podemos andar con cualquiera que encontramos. Si los dos nos hacemos una prueba de sangre, ambos estaremos seguros."

De cualquier manera, sea consciente de que usted pudo adquirir el virus en los últimos seis meses y por ello puede no aparecer en la prueba. Esto se conoce como el "periodo ventana". Pero no olvide que, aún así, estará más seguro con la prueba que sin ella.

Capítulo 12

Rumores

"Lo más sexy de un hombre son sus manos. Nadie está de acuerdo conmigo en ese punto. Una amiga me preguntó una vez si sería capaz de rechazar a un hombre guapo, con un culo de patinador sobre hielo, sólo porque el tipo de junto tiene manos hermosas. Por supuesto que no, pero las manos de hombre siguen teniendo un embrujo muy especial para mí. Me gustan en especial las manos rudas, ásperas, con grandes nudillos. Curiosamente, me parecen muy sutiles y delicadas."

Vivien, 34 años.

"Los hombres tienen ese hábito realmente molesto de llamar por teléfono sin decir su nombre inmediatamente. Dan por hecho que una ya sabe quienes son desde el primer "hola", o que no hay otros hombres que llamen o que uno se la ha pasado junto al teléfono esperando su llamada. Eso me desagrada. Algunos tipos hasta se ponen a jugar el jueguito de "adivina quién soy", pensando que si uno falla más de tres veces se convierte en algo así como una puta. Estoy harta de estas tonterías."

Belinda, 21 años.

"Conocí a mi esposo en un centro nocturno. Créame, yo no iba vestida como la Madre Teresa. Ahora que estamos casados él no quiere que use maquillaje o tacones, sin contar el drama de las minifaldas. Esto me tiene harta. Parece como si ahora fuera de su propiedad y él pretendiera que neutralizara mi apariencia para que no resulte atractiva a otros hombres. Su excusa es: 'No quiero que otros tipos piensen que estás disponible.' Entretanto, él se regodea mirando a las chicas que usan aquello que me prohibe usar. ¡Vaya actitud! Me gustaría que madurara y se diera cuenta de que el simple hecho de que me guste lucir atractiva no significa que ando 'pescando' tipos. Sólo pretendo demostrar que estoy orgullosa de ser mujer."

Julia, 26 años.

"No puedo resistir un buen sentido del humor. Muchos hombres piensan que eso significa que deseo tener un comediante a mi disposición las 24 horas del día. No es así. Significa tener una perspectiva humorística de la vida; tal vez así se logra poner las cosas en su justa perspectiva. Pero a veces los hombres son muy serios; todo les preocupa. Parece que ningún ser humano sufriera ataques cardiacos provocados por la preocupación y la ansiedad."

Francesca, 35 años.

"Mi novio parece gozar al decirme lo mucho que le gusta tal o cual actriz, esta o aquella amiga o cualquier otra mujer. ¿Por qué? ¿Por qué es necesario que yo me entere de quién diablos le parece atractivo? A veces pienso que hace esto para que yo no piense que soy bella y no lo deje. La verdad es que puedo mandarlo a freír espárragos en cualquier momento, pero la razón para ello no será que de pronto me sienta la mujer más bella del mundo. Lo dejaré porque es un patán y ya."

Lisa, 27 años.

"No soporto que los hombres presuman sobre lo que tienen. Claro que es importante que tengan tal o cual cosa, pero no entiendo bien: ¿Por qué no pueden hablar honestamente? Pareciera que siempre están compitiendo —abierta o veladamente. Además, me sorprende que mi pareja hable con sus amigos de manera totalmente distinta. A mí me habla de un modo y luego, por teléfono, cambia completamente si llama a un amigo. Es como si quisiera hacerse el muy hombre conmigo. Es ridículo. Me gustaría grabarlo alguna vez. Finge que no sabe de qué hablo cuando le menciono este asunto."

Yolanda, 32 años.

"Los penes son mucho más tiernos de lo que los hombres quisieran. Incluso cuando están en erección se ven tan monos y desvalidos —como si necesitaran protección. Por supuesto, los hombres piensan que sus penes son armas o elementos de pillaje y destrucción. ¡Estoy segura de que no les gustaría saber que las mujeres sentimos algo maternal respecto de sus penes!"

Gladys, 62 años.

"Los hombres se comportan como si les diera miedo el ignorar algo; instrucciones, herramientas, la manera 'correcta' de hacer las cosas y demás. Me gustaría que se relajaran y se dieran un tiempecito para ser humanos. Sería bueno que le otorgaran a su pareja la oportunidad de tener razón alguna vez, aunque fuera para cambiar. No creo que se comportaran así si estuviéramos solos en una isla desierta. Creo que en ese caso se esconderían bajo una roca y morirían."

Sally, 31 años.

Capítulo 13

Etiqueta sexual para hombres

Recuerde la mirada de decepción que inundó sus ojos cuando encontró la ropa interior de su ex-esposa debajo del colchón. Esto es desastroso. Los buenos modales comienzan cuando se cultiva el buen gusto. Esto implica esconder su colección de películas pornográficas y los objetos sospechosos antes de recibir a su pareja. Deje para después su anécdota de haber perdido la llave de las esposas en un motel de Laredo. No me refiero a que usted deba transformarse por completo de un día para otro. Sólo ponga más atención a lo que dice y hace, piense en cómo afectan esas cosas la imagen que ella puede tener de usted.

1. Quite los espejos que tiene el techo, las alfombras de piel de oso y los carteles de mujeres desnudas.

   Mientras menos sobrecargada esté su recámara ella se sentirá más cómoda al permanecer dentro de ella.

2. Retire cualquier objeto que evidencie la presencia anterior de otra mujer.

   Esto incluye ropa interior, crema femenina, cabellos largos

en el cepillo, cepillos de dientes extra, los aretes furtivos y perfumes en la cómoda. A ninguna mujer le gusta sentir que es una más de la lista.

3. No pretenda que ella sabe quién es usted cuando le llama por teléfono.

En las primeras llamadas mencione su nombre completo y después solamente su nombre de pila. Por extrañas razones desconocidas para las mujeres, los hombres juegan al "adivina quien soy" cuando hablan por teléfono, posiblemente con el fin de determinar si llaman otros hombres.

4. No clasifique a las mujeres de acuerdo con el color de su cabello.

A nadie le gusta ser clasificado de acuerdo con el color del cabello, de la piel, etcétera. Cualquier conversación que comience con "Vi a una rubia...," tiende a deteriorar el ambiente y la sensibilidad.

5. No crea que puede hacer comentarios racistas frente a una mujer.

Si no es suficiente el saber que los comentarios racistas son ignorantes y dolorosos, piense en que muchas mujeres son sensibles a este tipo de temas. Helena, una mujer de veintiséis años, comentó lo siguiente: "Si él piensa así sobre los africanos, los latinos y los asiáticos, ¿qué ideas puede tener sobre las mujeres?"

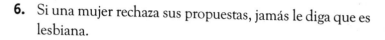

6. Si una mujer rechaza sus propuestas, jamás le diga que es lesbiana.

Si personalmente usted no es culpable de decir estas cosas, felicítese porque la verdad es que estos comentarios idiotas son bastante comunes. A veces las mujeres rechazan los intentos de los hombres con un poco de rudeza, pero eso se debe a que están asustadas. El hecho de que una persona más grande y fuerte proponga algo es un poco intimidante. Sea cual sea su conducta, nunca responda con especulaciones sobre sus preferencias sexuales.

7. Guarde el "humor de baño" para sus amigos.

A la mayoría de las mujeres les desagradan las bromas con flatulencias y otras rarezas escatológicas con que los hombres se divierten. Para ellas, los hombres que gustan de este humor de baño son infantiles.

8. No dé información sobre sus relaciones pasadas si no le preguntan.

El decirle a una mujer que su ex era modelo o una exótica bailarina la presiona en el sentido de la competencia. Ella sentirá reservas respecto de sus sentimientos actuales en relación con sus anteriores compañeras. Si se encuentra a una ex cuando sale con alguien, sin importar qué sienta, no se detenga a conversar. Diga 'hola' y siga de largo..., a menos, por supuesto, que desee sentir el bolso de su pareja al golpear su cráneo.

9. Aun si usted pago la cena, o varias cenas y su pareja acepta ir a su departamento, no dé por hecho que desea dormir con usted.

Aunque vista sexy, actúe sexy y parezca que se interesa sexualmente en usted, si en algún momento ella dice 'no', *no la obligue a tener sexo.* Todas las mujeres se reservan el derecho de hacer con su cuerpo lo que quieran. Un par de copas no significan nada si ella no quiere relaciones sexuales.

10. Nunca demuestre interés sexual en sus hermanas o amigas.

Este es el peor crimen que puede cometer contra una mujer. No importa si su hermana es más seductora o la mujer más bella que haya mirado en su vida; mejor olvídelo. A menos que una relación esté en sus estadios más rudimentarios, las hermanas y las amigas son presas que están fuera de todo límite. La manera más sencilla para entender esto, es imaginar a su esposa o novia en la cama con alguno de sus amigos o hermanos. ¿Verdad que es muy desagradable?

Capítulo 14

Cómo hacerla arder

Todos hemos oído hablar sobre los afrodisiacos. La verdad es que casi todas las recetas son falsas. Para meterse a la cama con una mujer y desempeñarse como el mejor, lo primero que debe hacer es pensar con cabeza de mujer.

Este es un capítulo que trata de los pasos anteriores al jugueteo sexual. Las investigaciones más recientes indican que las mujeres que tienen orgasmos son mujeres que han pensado mucho en el sexo antes de llegar a él. ¿Cómo puede usted lograr que su pareja tenga pensamientos sexuales? Siga leyendo.

Una mujer a la que llamaré Colleen dijo que sus experiencias sexuales eran muy aburridas hasta que leyó que las mujeres requieren más preliminares mentales que los hombres. Estimular la imaginación sexual de una mujer es tan importante como cualquier otra parte esencial del sexo. La pura estimulación de su cuerpo no será suficiente; eso funciona para las mujeres que desean estimular un hombre, pero no a la inversa. Usted deberá ser más imaginativo. En realidad no será difícil lograrlo; es mucho más sencillo que todos esos métodos de "ponga el dedo aquí" que han nacido y muerto al poco tiempo en el pasado. Lo que Colleen hizo, por ejemplo, consistió en emprender una aventura erótica mental tan pronto como se subió a su coche después del trabajo. Para cuando llegó a casa, se le hacía agua la boca: estaba lista. Ni siquiera eso se puede comparar con lo que empezó a sentir cuando su esposo comenzó a enviarle notitas con propuestas indecentes. ¡Todo mejoró notablemente!

Estrategia

Lo primero que debe hacer para preparar el escenario del sexo maravilloso es librarse de los niños. Una vez al mes (por lo menos) mándelos de visita a casa de los abuelos para que usted y su pareja puedan volver a conocerse a fondo. No crea que siempre va a tener una sexualidad maravillosa después de que nacen los niños. A partir de ese momento, para una mujer es muy difícil pasar del papel de madre al de amante —esto es algo que muchos hombres no logran comprender—. La espontaneidad parece haber sido arrojada por la ventana. Otro plan que puede llevarse a cabo es un cambio, como por ejemplo cambiar de escenario a un hotel, etcétera. La mayor parte de nosotros tenemos sexo en la cama. ¿Por qué no optar por el piso de la cocina? ¿O el sofá de la sala? ¿O cualquiera de los "101 Mejores Lugares para un Rapidín"?, que se enlistan en otro libro. Es mucho más fácil redescubrir a la pareja en un escenario exótico, aunque se trate del asiento trasero de su automóvil.

Aun suponiendo que la recámara sea el único lugar en que

usted quiere hacer el amor, puede intentar cosas nuevas al poner sábanas de satín, instalar un espejo en el techo o encender una docena de velas. La imaginación es la mitad de las relaciones sexuales. ¡Cualquier mujer le dirá que los amantes imaginativos son una especie en extinción!

Abrázame, bésame, hazme mujer

Las palabras son el elemento excitante más potente del mundo. Por eso le insto a que se baje del alto caballo de su machismo y encuentre un poema que exprese perfectamente sus sentimientos. Si usted puede escribirle un poema, mucho mejor. ¡La diosas aman recibir tributo a su divinidad! Un poema es un primer paso para activar la sensibilidad sexual. Usted dejará el poema, con buena letra (no mecanografiado ni impreso en una computadora) en cualquiera de los siguientes lugares:

✔ Una carta

✔ Su almohada

✔ Por telegrama

✔ El refrigerador

✔ Su bolsa de mano

✔ El espejo del baño

✔ El volante de su auto

✔ En un ramo de flores

✔ En la tapa de su lavadora

✔ Atado al collar de su perro

✔ En su escritorio del trabajo

✔ Pegado a la cabecera de su cama

✔ Pegado al cinescopio del televisor

✔ Envuelto en una ropa interior sexy

✔ Cerca de sus pantaletas en el cajón de la ropa interior

✔ En la sección de anuncios del periódico y dirigido expresamente a ella

✔ O, recite el poema, grábelo en una cinta y ponga el casete en el estéreo cuando esté con ella.

La literatura erótica puede ser muy sexy cuando se susurra sobre una almohada o cuando se lee en un sofá iluminado por las velas. A muchas mujeres les ofende el material sexual explícito. Eso sería un gran error. La diferencia entre el material erótico para hombres y el que se orienta al gusto femenino no es el contenido sexual sino el contenido emotivo. El erotismo masculino está lleno de imágenes anatómicas y posiciones acrobáticas. Es material que exhibe un instinto depredador. El femenino se compone de éxtasis y raptos de amor consumado.

La industria del cine para adultos ha crecido mucho. Ahora se puede escoger entre muchas películas para decidir cuáles quiere ver —de orientación masculina o femenina—. Hasta donde yo entiendo, las diferencias son mínimas, pero el contenido argumental varía mucho. Después de miles de años comenzamos a entender la diferencias entre cómo se excitan los hombres y cómo se excitan las mujeres.

Paseos en carruaje

Esta cuestión de los paseos en carruaje depende mucho del lugar en que usted vive. Pero, suponiendo que pueda salir al campo, ¿no sería maravilloso iniciar una relación romántica a bordo de un carruaje? Un hombre que entrevisté hace poco tiempo se le declaró a su pareja en un carruaje tirado por caballos. Le obsequió un ramo de rosas y enmedio del ramo estaba el anillo de compromiso.

Es necesario ser original. No tienen nada de malo las típicas flores, pero ya veremos cuál es su opinión cuando lea sobre la idea de...

El paquete

Una mujer que entrevisté (a quien llamaré Amanda) estaba en el trabajo un día, aburrida y un poco triste porque su amante estaba fuera de la ciudad en un viaje de negocios. Después del almuerzo, ella recibió un misterioso paquete. Cuando lo abrió encontró ropa interior muy sexy, un pedazo de satín y una nota. La nota decía que ella debería ir a su casa inmediatamente después del trabajo, comer, bañarse, ponerse la ropa interior y ponerse el satín en los ojos de manera que no pudiera ver nada. Debería estar lista a las ocho de la noche exactamente. A las 8:01 su amante entró en el apartamento, se desnudó en el recibidor y —sin hablar ni permitir que ella se quitara el satín— le hizo el amor a ella con un apasionamiento impresionante. Amanda se emociona cada vez que habla de ello. ¿Qué dice? "Dios mío, espero no perderlo nunca. ¿Cómo voy a encontrar a alguien que sepa hacer todas estas cosas?

El camino del amor

Cuando Ángela llegó a casa encontró una nota en la puerta; la nota decía: "Cuando entres al Nilo serás mi Cleopatra". Sonrió, quitó la nota de la puerta y entró a su casa. Dentro encontró otra nota: "Toma esta vela, damisela adorada, enciéndela con este cerillo y descubre el secreto que aguarda en el refrigerador." Cuando Ángela abrió el refrigerador encontró champaña helada y caviar. El camino de la puerta al refrigerador estaba marcado por una senda de pétalos de rosa (usted también puede usar chocolates "Kisses"). Había más pétalos que conducían hasta la escalera, en donde esperaba otra nota: "Desespero dama mía". Los pétalos llevaban hasta el baño, en donde su amante la esperaba metido en la bañera llena de burbujas. Todo estaba iluminado con velas y había música romántica que provenía de una pequeña grabadora. Él le guiñó un ojo, ella se desvistió. Comieron entre burbujas y luego él la llevó a la cama en donde había una sola rosa sobre una sábanas de seda.

Llegado este momento Ángela prefiere guardar silencio.

La cita misteriosa

Francine estaba aburrida en el trabajo. A las 9:30, un mensajero entró con un paquete para ella. Cuando lo desenvolvió encontró un *negligé* de seda, un frasco de perfume y una nota. La nota, anónima pero escrita con letra familiar, decía que fuera a un determinado hotel a las 12:15 usando solamente el negligé, zapatos de tacón alto y una gabardina. Francine sonrió y sus ojos brillaron.

En el cuarto del hotel esperaba Dan, su novio, desnudo y con un moño como el de los regalos amarrado al cuello. Se rieron un poco, bebieron champaña y él la devoró durante media hora en la cama. "El salir del hotel fue la parte más difícil", me dijo Francine más tarde. "Estaba consciente de que todos miraban al saber que sólo había una cosa que podríamos haber hecho durante una hora en el hotel."

Francine es una de las pocas mujeres que se refiere a su novio de años como su "amante".

El rapto

Toda mujer tiene o ha tenido una fantasía de rapto. Steve sabía esto, así que consiguió un poco de dinero antes de pasar por su novia al trabajo un viernes por la tarde en una limosina. Steve usaba un saco de frac, pantalones de mezclilla, un poco de colonia y no sólo llevaba una docena de rosas sino que además consiguió un libro de poemas de amor. Cuando Trish, su novia, salió del edificio, casi grita de la emoción. La limosina los llevó al aeropuerto. Steve, inteligentemente, había empacado todo lo necesario en dos maletas que estaban guardadas en la cajuela. Se acariciaron como adolescentes en la limosina, se regalaron miradas románticas en el avión y pasaron todo el fin de semana haciendo maravillas en un hotelito de las afueras de Nueva York. Trish jura que se moja cada vez que recuerda ese fin de semana con Steve.

Llevar el restaurante a casa

Mark decía que "Un hijo es familia, tres son un rebaño", así que cuando vio que Suzanne se desesperaba al cocinar y trabajar para sus hijos, él decidió mandar a los niños a casa de los abuelos durante un fin de semana. Mark estaba consciente de que ni siquiera era capaz de hervir agua, así que contrató a un amigo que era cocinero en un restaurante italiano para que fuera a su casa el sábado por la noche y cocinara algo. En la sala, Mark puso una pequeña mesa con un mantel a cuadros rojos y blancos (eso era menos formal que la mesa del comedor), colocó una vela en una botella vacía e hizo sonar un disco de ópera italiana en el estéreo. Cuando Suzanne llegó a casa, le sirvieron una lujosa cena preparada "por un extraño individuo vestido de *chef*; ¡cómo cocinaba!" Mark se portó romántico y atento. Después de la cena bailaron al ritmo de los discos de grandes bandas que tanto le gustaban a él y luego se fueron a tomar un baño de burbujas en la tina antes de irse a la cama. "Fue una de las mejores noches de mi vida", dijo Suzanne. "Sé que soy la mujer más afortunada del mundo."

Estas son solamente unas pocas ideas de las muchísimas que pueden ponerse en práctica para que su amante piense en el sexo desde antes. Cada una de estas mujeres reportó estar muy excitada sexualmente desde antes de tener sexo, pero uno no tiene que llegar a esos extremos para obtener los mismos resultados. Una de las primeras cosas que debe aprender un amante inolvidable es que el romance debe mantenerse vivo. Esto quiere decir que se debe ser atento y cariñoso la mayor parte del tiempo. No todo el tiempo, sino más de lo que probablemente acostumbra. Esto no le parece natural a muchos hombres. Es interesante mencionar que el 100 por ciento de las mujeres entrevistadas que engañaban a sus maridos reportaron que no se les ponía la suficiente atención en su relación cotidiana. Ellas no engañaban a su marido con un hombre que tuviera un pene más grande o más dinero. Los engañaron porque *no les prestaban suficiente atención*.

Las diosas se enojan cuando se les ignora. El problema es que los hombres piensan que demuestran sus sentimientos con acciones: "Bueno, aquí estoy, ¿no es así?" "¿De qué te quejas? ¡No te pego ni te engaño ni nada!" "Mantengo a esta familia bastante bien". Pero, adivinen qué: para el 99.999 por ciento de las mujeres no es suficiente con que se satisfagan las necesidades prácticas, sino también las emocionales. Las mujeres necesitan de mucho afecto no sexual (esto significa afecto que no necesariamente es un preludio al sexo) y muchos "te quiero". Por supuesto, las rosas ocasionales o cualquier otro detalle cariñoso ayudan mucho. Propóngase hacer algo especial una vez al mes, especialmente si se está entrenando para convertirse en un amante legendario y no en un pobre diablo.

Capítulo 15

El sexo oral y el punto G

El sexo oral. Para algunas mujeres esta es la única manera de obtener un orgasmo. Para su información general, esto no significa que sean lesbianas. Recuerde que no todas las mujeres despiden buen olor de su sexo, así que en lugar de lastimar sus sentimientos, sugiera que se bañen juntos. Los baños en tina limpian el área mucho mejor que los regaderazos.

La mayoría de los hombres están ansiosos de prodigar sus habilidades orales. Desafortunadamente, gran parte de las mujeres no pueden explicar exactamente qué es lo que quieren. Lo primero que debe hacer es memorizar qué es y qué no es muy efectivo para la sensibilidad de la vagina:

El clítoris (lo cual usted de seguro ya sabe) es la parte más importante de la anatomía sexual femenina. El clítoris es como toda la cabeza de su pene concentrada en una superficie más pequeña que un chícharo. El clítoris es tan sensible que requiere una "cubierta" —la cubierta del clítoris— para protegerlo. También la cubierta es muy sensible. La fricción sobre esta parte del órgano sexual es la que, en la mayoría de las ocasiones, provoca el orgasmo femenino (algunas mujeres también experimentan orgasmos vaginales).

El siguiente método es el mejor, más sencillo y efectivo método para provocar orgasmos en su compañera sexual. Incluso las mujeres que han reportado tener orgasmos sin la aplicación de este método, dijeron que el orgasmo era más intenso y rápido cuando se lograba a través del sistema en cuestión.

Agenda

1. Recuéstese justo entre las piernas abiertas de la mujer.
2. Abra bien los labios vaginales.
3. Localice su clítoris.
4. Con la lengua (manteniendo los labios lejos de la vagina) lama suavemente todo el clítoris, de extremo a extremo.
5. (Opcional) Inserte un dedo en la vagina; métalo y sáquelo repetidamente.

El truco consiste en mantener su boca lejos del clítoris y en lamer ligeramente. Si usted estimula el clítoris con los labios, reducirá la sensación. La mayor parte de los hombres cometen el error de lamer con demasiada presión. Es probable que con este método se canse al principio. Si esto ocurre, cambie su posición, de entre las piernas de ella, a un ángulo perpendicular. Esto significa que al mover la lengua de arriba hacia abajo, ella sentirá un estímulo de lado a lado. Recuerde mantener la presión ligera con su lengua apenas tensa. Tenga en cuenta que un lado de su clítoris siempre será más sensible que el otro. Si ella no sabe cuál es más sensible, experimenten hasta averiguarlo. Entonces, recuerde que usted deberá recostarse inclinado sobre ese lado de modo que la parte más baja del lengüetazo friccione ese punto.

¡Así de simple!

Muchos hombres preguntan, "¿Durante cuánto tiempo debo hacer esto?" y mi respuesta es otra pregunta, "¿Cuánto tiempo aguanta?" Es aquí donde la resistencia juega un papel importante. Al principio usted deberá desarrollar dicha resistencia. Lo difícil consiste en mantener los labios apartados. Hágalo durante cuatro minutos en la primera noche y cada semana agregue un minuto. Confíe en mí: ¡Los poderes de su lengua, y no de su pene, son los que le convertirán en un amante legendario!

Un caballero que asistió a mis conferencias se me acercó para comunicarme una idea innovadora (y sorprendente). Cuando se siente cansado pone a funcionar su vibrador de cabeza plana: ¡apoya la lengua en el clítoris de su pareja y pone el vibrador en su propia barbilla para que la vibración se transmita al clítoris!

El Punto G

El mentado punto G no es fácil de localizar. También las mujeres las pasan negras para detectarlo. Por supuesto, no todas las mujeres creen tener uno. Sin embargo, el método para localizarlo es simple: Ponga la palma de su mano hacia arriba e introduzca uno o dos dedos hasta el fondo de la vagina. Ahora dóblelos ligeramente. El interior de la vagina de la mujer se siente tan liso y terso como un condón, pero entre la vejiga y la pelvis existe un área muy sensible. Puede que le cueste trabajo sentir su forma (redondeada), así que mejor siga las instrucciones que le proporcione su mujer. Una vez que lo ha localizado ella puede sentir ganas de orinar, pero no se preocupe, no es probable que ella lo orine. La sensación pasa y después se convierte en algo placentero. Pero también puede ocurrir que nunca llegue a ser placentero. Así es la vida. Pero no insista en friccionar si ella comenta que no le gusta. Nunca friccione con fuerza. Este no es un buen momento para comprobar que es un hombre muy fuerte.

Incluso si su pareja disfruta esta forma de estimulación, no es seguro que ella pueda llegar al orgasmo. Pero de todos modos es muy divertido localizar el punto G. Se trata de una aventura sexual plena de humor, y la verdad es que debemos aprender a reír más seguido en la cama.

El punto G (para aquellos que tienen la duda) fue bautizado en honor del hombre que lo descubrió, el Doctor Grafenberg. No sé qué lleva a este hombre a pensar que él fue el primero en detectarlo, pero sí tuvo la valentía necesaria como para adjudicarse el descubrimiento y ponerle su nombre. ¡A lo mejor sólo trató de que el punto acudiera cuando se le llamaba por su nombre!

Capítulo 16

La hora de la verdad

Nada, ni siquiera el sexo oral o las labores manuales, proporcionan tanta satisfacción como la relación misma. Incluso las mujeres que nunca han tenido orgasmos durante la relación sexual afirman lo mismo: es una experiencia muy sexy, emocionalmente satisfactoria.

Las tiendas que venden artículos relacionados con la sexualidad están llenas de libros que muestran miles de posiciones extrañas. Por lo regular, estos libros incluyen fotografías de una pareja: en una de ellas, la mujer aparece con las piernas levantadas a noventa grados respecto del tronco; en la segunda, las piernas están a 60 grados de angulación y demás... Pienso que usted ya sabe a qué me refiero. No voy a detallar las acrobacias sexuales en este capítulo. En lugar de ello, hablaré de las posiciones básicas agregando sugerencias sobre cómo hacerlas más placenteras, para usted y para su amante.

El misionero

Según cuenta la leyenda, dos misioneros que laboraban en las islas de los Mares del Sur hacían el amor en una playa. Copulaban dándole la cara a su pareja. Los nativos, al verlos, se sorprendieron porque ellos sólo hacían el amor de perrito. No sé como es que el nombre de la posición salió de la isla, pero estoy seguro de que los misioneros se mortificaron bastante.

La posición de misionero se presenta cuando dos personas hacen el amor cara a cara, estando el hombre arriba. Es una posición "aceptada por la iglesia", lo cual le da una reputación de aburrida. Para agregarle sabor al asunto, la mujer puede apoyar los tobillos en los hombros del varón (permitiendo así una penetración máxima) o abrir las piernas lo más posible.

CÓMO MEJORAR LA POSICIÓN

El problema para las mujeres durante la penetración de estilo misionero es la falta de estimulación al clítoris. *La mayoría de las mujeres requieren estímulo en el clítoris para llegar al orgasmo.* "La mayoría" porque muchas mujeres no están seguras de que su clítoris esté siendo estimulado. Personalmente creo (y la investigación moderna corrobora mi opinión), que cuando una mujer llega al orgasmo el clítoris está siendo estimulado, al menos indirectamente. Al principio, tocar el clítoris de su pareja durante la relación puede ser tan difícil como hacer lagartijas con una sola mano, pero con el tiempo se acostumbrará. El truco consiste en poner el pulgar húmedo arriba o junto al clítoris, no encima directamente. No necesita moverlo para nada. El movimiento de sus cuerpos hará el trabajo por usted. Puede intentar elevar un poco las caderas de modo que su pelvis entre en contacto con el clítoris de su pareja, pero no es muy agradable sentir que el pene se dobla por la mitad. Es por eso que recomiendo la estimulación manual, o, en su caso, permitir que ella misma realice el estímulo. A muchos hombres les molesta que su amante se masturbe durante la relación ("Por Dios, si alguien va a tener un orgasmo en esta cama, pienso ser el único responsable.") lo cual es poco certero porque esta técnica permite que los amantes hagan otras cosas con las manos, como tocar los senos, por ejemplo. La autoestimulación es buena opción. Además, es excitante observar cómo se toca ella. Para la siguiente ocasión podría hacerlo usted.

La mujer arriba

¡Esta posición le permite disponer de un lugar de primera fila para mirar el espectáculo más excitante! La mujer está arriba y controla el ritmo, el grado de penetración, etcétera. Puede girar sobre su propio eje y mirar en dirección a sus pies, dándole la espalda, o también puede ponerse en cuclillas para provocar una penetración máxima. Si es extremadamente flexible, puede hacer un *split* sobre su pene.

Cómo mejorar la posición

Usted puede mejorar esta posición de la misma manera que se mejora la posición del misionero: estimulando el clítoris. En esta posición, es muy fácil de localizar. Para muchas mujeres es más fácil venirse si están arriba, así que esta es una buena opción a experimentar. Aquí debo hacer una advertencia en relación con la estimulación digital del clítoris: gran parte de los hombres frotan demasiado fuerte. Lo importante es mantener el dedo bien lubricado y usar una presión muy ligera (a menos que le pidan lo contrario); debe mover el dedo de lado a lado. No es como rascar una tarjeta de concursos ni nada por el estilo; estamos hablando de un clítoris, así que trate de ser delicado.

No olvide decirle lo hermosa que luce.

El perrito

El comediante Dennis Miller comentó una vez refiriéndose al sexo en posición de perrito: "¡En verdad se está seguro de conducir la carreta!"

La posición de perrito (relación sexual en que la mujer pone las manos y rodillas sobre la cama o el suelo con el amante penetrando desde atrás), tiene una maravillosa cualidad de excitante animalidad. Hace miles de años, la vagina se inclinaba hacia atrás, no hacia adelante, de manera que es posible que esta posición recuerde impulsos atávicos.

Las mujeres que entrevisté tenían mucho que decir sobre esta posición: "Me encanta de perrito" dijo una estudiante, "pero mi novio nunca le saca todo el provecho posible a la posición. Se dedica a meterla y sacarla sin decir nada. Me gustaría que se involucrara más, que me estrujara el trasero con entusiasmo. Me encanta sentirme dominada y quiero que *me posea* de verdad, que haga ruidos animales, incluso que me diga cosas procaces. Estoy segura de que puede ser mucho mejor que ahora."

Me arriesgo a afirmar que la mayoría de las mujeres (creo yo) gustan de ser dominadas en la cama. Esto sólo se aplica a la cama, no a cualquier otro aspecto de la vida cotidiana. Pero a los hombres les da pena gruñir, dejarse ir y es por eso que las mujeres afirman que ya no hay "pasión". La posición del perrito proporciona buenas oportunidades para mostrarse apasionado (incluso para decir cosas obscenas si ella quiere) y —a menos que ella tenga ojos en la nuca— brinda una libertad que permite olvidarse del ridículo; podemos gesticular tanto como se nos antoje.

De nuevo: debe localizar su clítoris. En esta posición es más fácil que la mujer se estimule. O..., deje que use un vibrador.

En realidad, parece que el vibrador es la mejor opción. Nunca está de más saber que el mayor temor de la mujer al hacer el amor en esta posición, consiste en que usted la vaya a penetrar por el ano accidentalmente. A nadie le gusta ser sorprendido así.

De cucharita

Imagine dos cucharas superpuestas y coincidiendo exactamente, pero yaciendo de costado; es como dos eses que se adaptan a la perfección. También se le conoce como "sexo del domingo por la mañana", probablemente en razón de que es una posición óptima para disimular el mal aliento.

El escenario es el siguiente: los dos están acostados de lado. Ella le da la espalda..., abre un poco las pierna y ¡ya está!. Usted penetra. La abraza y siente los senos o estimula el clítoris o ambas cosas a la vez. Esta es una de las posiciones más cómodas (si no es que la más) para las mujeres embarazadas.

Cómo mejorar la posición
Al copular, (¿no le encanta ese término?), la mayoría de los hombres meten y sacan como si fueran los pistones de una má-

quina. Nada excitante. Es mucho mejor moverse lenta y deci-
didamente. Esto significa sacar el pene lentamente, hacer una
pausa y luego penetrar con fuerza otra vez. Muchos hombres
olvidan lo excitante que puede ser un cambio de ritmo (o una
variación en la profundidad de la penetración). Recomiendo
que ponga en práctica este sistema con varias posiciones, no
solamente de cucharita. En ocasiones es agradable comenzar
de cucharita, luego cambiar a una posición en que la mujer se
acuesta boca abajo y usted penetra desde atrás.

Entre sus senos

Sospecho que existen muchos hombres que gustan de las
mujeres gordas pero no lo admiten. Las mujeres gordas suelen
tener senos más grandes. Usted puede complacer mucho a
una mujer obesa si la hace sentir mujer al halagar el tamaño
de sus senos durante la relación —específicamente, al hacerle
el amor entre los senos—. Muchas de las parejas que tienen la
oportunidad de gozar de estas delicias lo hacen con la mujer
boca arriba y el hombre montado a horcajadas metiendo y
sacando el pene entre los senos. Lo malo es que no se tiene
la mejor perspectiva visual y/o sensitiva con esta posición.
Siempre hay una mejor forma de hacer las cosas.

Cómo mejorar la posición

Para cambiar, póngase usted boca arriba. Deje que su compañera se coloque entre sus piernas con los senos colgando sobre el pene. Póngase lubricante y presione sus senos alrededor
del pene mientras ella se balancea de atrás para adelante. ¡En

esta posición usted obtiene un máximo de sensación y una vista inmejorable! Dígale que es la mejor, la mujer más sexy que conoce y después lama sus senos a conciencia.

Sesenta y nueve

El *sesenta y nueve*, es una de esas posiciones que suelen ser mejores en la imaginación que en la vida real. Esta posición consiste en que usted le hace sexo oral a ella (cunnilingus) mientras ella hace lo mismo con su pene (felación). Es muy excitante debido a la buena visibilidad y a los olores que se perciben. Es mejor que un paseo por el Gran Cañón del Colorado. Pero es difícil administrar su talento oral cuando el orgasmo está a segundos de ocurrir.

Cómo mejorar la posición

La mayoría de las parejas llevan a la práctica el sesenta y nueve con la mujer abajo y el hombre arriba. Esta no es la mejor postura para la felación debido a que la cabeza necesita moverse y el colchón puede ser un obstáculo. Es mucho mejor que ella esté arriba o que su cabeza salga de los límites del colchón, como si colgara. Otra opción es hacerlo en una silla cómoda. Asegúrese de abrir bien los labios de la vagina. Así ella sentirá mejor su lengua.

Sexo anal

En nuestra cultura, el sexo anal es tratado como una aventura erótica prohibida o como algo cercano o conducente a la homosexualidad. Esto es falso. El sexo anal se practica amplia-mente en países donde el himen de la mujer debe permanecer intacto hasta el matrimonio; también se usa como método an-ticonceptivo. Es, de cualquier modo, al igual que toda forma de relación sexual, una actividad de alto riesgo —esto quiere decir que es muy fácil que con esta práctica se contagie el virus VIH, a menos que ninguno de los miembros de la pareja sea portador del virus o que se use condón . Si se pasa del sexo anal al sexo vaginal, es importante utilizar un condón nuevo para evitar infecciones en el aparato reproductor femenino.

Cómo mejorar la posición

Muchas parejas experimentan el sexo anal en algún momento de su relación. Es común que caigan en tres errores:

1. La mujer no se da cuenta de que el sexo anal, al igual que el café o el tabaco, es un gusto adquirido,
2. El hombre, tratando de ser delicado, termina lastimándo-la aun más,
3. No usan un lubricante adecuado.

Antes que nada, su compañera debe estar recostada boca abajo, con las caderas elevadas un poco gracias a una almoha-da especialmente dispuesta. Aplique suficiente lubricante (la saliva no es un lubricante), tanto en el ano de ella como en su pene. Asegúrese de que el lubricante no esté hecho a base de aceite, como por ejemplo la vaselina —esto puede hacer que se rompa el condón—. Ponga el pene en el ano y deslícelo sin detenerse. Ahora sáquelo. No se sorprenda; esto dolerá, pero dolerá menos que si penetra lentamente, centímetro a centímetro. Piense en lo fría que se siente el agua cuando se mete a una alberca que no cuenta con calefacción; recuerde que el cuerpo se acostumbra rápidamente.

Cuando ya haya logrado la primera penetración y su consiguiente salida (habiendo acostumbrado el recto a la sensación del pene), proceda a reiniciar la penetración repetida. Las mujeres no tienen clítoris en el interior del recto. ¡No importa cuantas películas porno fantasiosas haya visto usted! Como resulta prácticamente imposible estimularla manualmente, recomiendo el uso del vibrador durante la relación anal. No inserte el pene en el ano y después en la vagina sin cambiar el condón o lavarse a fondo. El riesgo de infección es muy alto.

Esto es lo que las mujeres me han comentado respecto del sexo anal:

"Al principio es peor que el infierno. Después de un rato, en verdad me gustó. Me hizo sentir sometida, lo cual es raro, pero mentiría si dijera que no me gustó."

"Si Karl me enciende por completo y luego se niega a meterme el pene para calentarme más, siento tal necesidad de tener dentro su miembro que no me importa qué vía utilice; así empezamos con el sexo anal. Me gusta que me ponga mucho lubricante. Nos encendemos bastante."

"Duele mucho y no pienso volverlo a intentar."

"Me da mucho miedo contagiarme de SIDA. Hay muchas otras cosas que me gustaría probar antes que el sexo anal."

"Lo hago sólo cuando se me ocurre a mí. Si el tipo trata de presionarme para que lo haga, siempre respondo 'no'."

"Le dije a mi novio que le permitiría hacer eso sólo si él me dejaba colocarme un pene artificial y hacérselo a él. Lo hicimos y nos gustó tanto que ahora lo hacemos todo el tiempo. Él se moriría si supiera que yo se lo conté a usted porque piensa que la gente dirá que es gay."

La provocación juguetona

Este tipo de provocación no es una posición específica, es una técnica que garantiza ponerla tan excitada que no podrá resistirse. Muchas mujeres llegan a esperar conductas previsibles de sus amantes (bueno, nos estamos besando y luego siguen los senos, etc.) El hecho de que usted haga cosas inesperadas puede excitarla mucho. ¿Se acuerda de lo maravilloso que era el sexo cuando todavía asistía a la escuela? ¿Recuerda lo emocionante que era no saber lo que vendría después? ¿Aceptará o no? ¿Lo hará él? El jugueteo provocativo funciona de acuerdo con los mismos principios.

Usted puede besarla. Puede lamerla hasta provocarle el orgasmo. Puede tocar, apretar en todo lugar, pero no introducir el pene. O tal vez usted hará como que va a penetrar —acariciando su clítoris con la cabeza de su pene o metiendo solo la puntita, pero no más. La incertidumbre la volverá loca porque usted se hace el difícil. Cuando ya sienta que no puede más, entonces sí penetre. ¿Y qué tal si no lo hace? Puede volverla loca de deseo durante unos cuantos días.

¿Qué hacer después?

En el sexo no hay ningún momento más importante que el

otro. El después es tan importante como el antes o el durante. Ella le ha dado el regalo de su ser entero. Ha recibido su carne en su interior. Se ha rendido. Lo último que debe hacer es darse la vuelta y echarse a dormir.

Las mujeres —todas las mujeres— desean ser abrazadas después del acto sexual. Quieren que las consientan y que les hablen. Es muy importante que usted no rompa el contacto. Ann Landers realizó una encuesta y obtuvo resultados sorprendentes: muchas mujeres hacen el amor solamente para recibir las caricias y apapachos después de la relación. Si esto no le deja clara la negligencia en que incurren muchos hombres, nada podrá abrirle los ojos.

El sexo es sublime y ridículo a la vez. ¡Es muy importante mantener una postura de buen humor respecto a él! Toma tiempo adaptarse al ritmo sexual de otra persona. Por ello, muchas parejas que no temen explorarse sexual y emocionalmente siguen descubriendo más y mejores fuentes de placer, comunicación y comprensión. Jamás llegan a aburrirse.

El buen sexo requiere de paciencia.

Manos expertas

El segundo instrumento más elocuente de su cuerpo —además de la lengua— son sus manos. Sus manos son un Stradivarius del cual extraerá melodías maravillosas. Son portadoras de placer y dolor; pueden golpear o confortar. En otras palabras, son capaces de todo.

Usted, al ser el artista que es, sacará el mayor provecho de esas manos de oro. Al pulsar todos los botones del panel de control de su compañera la hará sentir como si volara por el espacio exterior. Esta técnica es simple, pero los resultados son... Bueno, dejemos que hablen por sí mismos.

Primero debe poner la mano como si fuera una pistola —dos dedos extendidos (índice y anular) y el resto doblado. Ahora estire el pulgar.

1. Ponga el pulgar en el clítoris.
2. Inserte los dedos extendidos en la vagina.
3. Apoye los nudillos de los dedos doblados en el ano; no presione demasiado, solo apóyelos.

Habiéndose asegurado de que su clítoris está bien lubricado, meta y saque los dedos lentamente, girándolos simultáneamente. Aumente el ritmo poco a poco. Mantenga todo el contacto posible con el clítoris, pero recuerde que no hay problema si el contacto se pierde de vez en cuando. No hay problema —mientras más ligera sea la presión, mayor será la intensidad del orgasmo. Nota: Cuando ella alcance el orgasmo, haga que la presión sobre el clítoris sea muy suave, apenas tocándolo, y si puede, realice una especie de tamborileo casi imperceptible. Durante el orgasmo, el clítoris de las mujeres puede desaparecer por completo; usted no debe preocuparse por ello. Es como si se hundiera en la piel rosada para gozar a solas de su placer. Después del orgasmo el clítoris puede estar hipersensible al tacto. Si este es el caso, interrumpa cualquier estímulo manual y use la pistola de verdad (usted sabe a cuál me refiero). Imagino que obtendrá una tibia y muy húmeda recepción.

Capítulo 17

Para convertirse en leyenda

Hay pocas técnicas más efectivas que ésta cuando se utiliza correctamente. El secreto es ejercer el grado correcto de presión en el momento justo. Una mujer que disfruta particularmente de esta técnica lo equiparó con "pintar sobre el cuerpo usando las propias secreciones." La idea es la misma. Y la lubricación es la clave.

1. Moje dos dedos en su boca o en la de ella.
2. Inserte los dedos lenta y profundamente en la vagina. Simule el ritmo de su pene variando la velocidad —a veces rápida y superficial; a veces profunda y fuerte.
3. Ahora saque los dedos rápidamente de la vagina y deslícelos en su clítoris. Aplique una presión ligera pero una velocidad rápida.
4. Vuélvalos a introducir en la vagina.
5. Repita el procedimiento, sólo que esta vez debe prolongar el contacto con el clítoris.

Debe existir una especie de supercarretera entre la vagina y el clítoris, en el cual sus dedos viajarán con naturalidad. La combinación de presión ligera en el clítoris junto con el poderoso ir y venir de sus dedos hace de esta técnica algo muy excitante. Es inesperada. Cuando sienta que ella se está viniendo, saque los dedos de la vagina y concentre el estímulo —suave, ligero— en el clítoris. Muévase muy poco y, una vez más, concédale al clítoris el trato que merece: el de un órgano delicado, sensible. No siga manipulando una vez que ella termine su clímax. Permítale un descanso. Luego comience de nuevo.

¡Ya verá lo popular que será después de dominar esta técnica! Nunca ha sido concebida una destilación de los impulsos eróticos más efectiva que esta. Para que ella pueda ser el verdadero receptáculo de su genio sexual, recuéstela de espaldas y abra bien sus piernas. Usted tendrá una visión única de sus tesoros.

1. Con la lengua dura y puntiaguda penetre cuanto sea posible en su vagina. Muévala alrededor, arriba y abajo, no necesariamente dentro y fuera. La lengua, a diferencia de sus dedos, puede moverse con libertad.
2. Ahora, manteniendo los labios alejados del clítoris y con la lengua puntiaguda, mueva su cabeza como si negara. Empezando por la vagina, guíe su lengua lentamente hacia arriba, llegue a su clítoris y vuelva a la posición original.
3. Inserte de nuevo la lengua en la vagina. Luego proceda en dirección al clítoris, deteniéndose en este punto para estimular con mayor intensidad. Ahora debe trabajar con sus dedos en el interior de la vagina mientras su lengua acaricia el clítoris.

4. Cambie. Ahora su dedo frota suavemente el clítoris mientras la lengua ejerce su embrujo en el interior de la vagina.

5. Siga cambiando hasta que ella se acerque al orgasmo. Llévela al orgasmo ayudándose solamente de la lengua. Recuerde: una presión ligera llevada de lado a lado es suficiente para lograr el hechizo.

Si llega a realizar esto con suavidad, sin mucho esfuerzo o movimientos tensos, todo irá por buen camino. Dedique por lo menos treinta segundos a cada etapa antes de cambiar. En el momento de la verdad apenas inmóvil y los dedos dentro. ¡Observe con orgullo cómo explotan los fuegos pirotécnicos de su pasión!

Para satisfacer a una mujer, nada puede sustituir al pene. Nada. Existe alguna excitación atávica al tener uno dentro y eso es lo que enloquece a una mujer. El impulso sexual y el instinto reproductivo se funden en una sola cosa.

Su pene es, al menos en lo que respecta a este asunto, un instrumento de placer. Cuando lo tenga completamente erecto intente llevar a cabo los siguientes pasos:

1. Lubrique bien la vagina de su pareja; utilice la mano para presionar la cabeza de su pene contra el clítoris. Haga un movimiento circular, no de lado a lado (de no ser así, la cabeza de su pene pasará sobre el clítoris en lugar de frotarse delicadamente).

2. Deslice su pene hacia abajo hasta ponerlo en la vagina; no penetre. Luego vuelva a repetir el paso 1 y 2 varias veces.

3. Meta la cabeza del pene en la vagina, pero solamente la cabeza, no más.

4. Cuando penetre por completo, varíe el alcance de la penetración y la fuerza del acto.

Un consejo de sabios: a diferencia de los consejos en las técnicas anteriormente expuestas, ejerza ahora una presión firme sobre el clítoris. ¿Por qué? Porque el movimiento, para ser efectivo, debe ser continuo, no abrupto e intermitente. Esta técnica las enloquecerá, de manera que esté listo para el placer supremo: ponga su dedo pulgar sobre el clítoris y explore toda su profundidad. No tenga piedad ahora: hágalo con toda la determinación de que sea capaz. Su penetración será inscrita en el libro *Guinness de los Récords*.

Capítulo 18

¿Qué tanto me ama?

A través de la historia los hombres y las mujeres han explorado los medios espirituales, físicos y metafísicos para lograr que un objeto deseado se enamore de ellos. Algunas de estas artimañas tienen que ver con el diablo. Otras con las brujas, quienes tratan de lograrlos por medio de hechizos. Observamos detenidamente el fondo de las tazas de café para ver si los residuos indican la presencia, presente o futura, de un amante. También escudriñamos los designios del tarot en compañía de una adivina. Muchos de nosotros —incluso aquellos que carecen de convicciones religiosas— recurrimos a la oración, a la plegaria dirigida a Dios o a varios dioses para asegurarnos la correspondencia del ser amado.

Me convertiría en un charlatán de proporciones épicas si dijera tener los secretos para poseer el corazón del amado (a). No puedo afirmar algo así. Tampoco puedo sembrar las semillas del amor en una tierra contaminada por la amargura o el abuso. Después de todo, usted nunca logrará derretir un *iceberg* con una secadora de pelo. Lo que sí puedo hacer —cuando usted ya ha capturado su atención— es ayudarle a permanecer. Yo sólo lo estoy introduciendo a una región dominada por la sabiduría popular que mi abuela me mostró. La suya, al igual que la sabiduría de toda abuela que se balancea en su mecedora y que esconde una anforita de whisky en el cajón, es una sabiduría de oro. "Staci", dijo ella, "Staci, amamos a quienes tratamos bien, no necesariamente a los que nos trataron bien."

Es un concepto polémico. Todos creemos que amamos o podríamos amar a quienes nos llenarán de besos, de caviar y de caricias. Ninguna de las acrobacias eróticas y románticas que recomiendo deberán ponerse en práctica antes de conseguir el corazón del ser amado. Para extraerle el corazón es necesario usar métodos más sofisticados y sutiles: usted debe acostumbrarla a tratarle bien.

Las mujeres tienden a ser protectoras, a nutrir aquello que toman bajo su tutela. Es parte de ellas tanto como sus senos o su vagina. Pero la regla dice que las mujeres no reparten sus atenciones indiscriminadamente. Ellas saben, y tienen razón, al elegir los preciosos regalos que no han de prodigarse a la ligera. Cuando invierten su tiempo y energía en un objeto particular, están conscientes de hacer una inversión, misma que deben recuperar. Es por ello que enloquecen cuando dan parte de sí mismas y usted no corresponde: están furiosas porque usted se rehusa a aceptar la deuda psíquica. No importa. Las mujeres saben de antiguo que cuando el hombre paga una cena, unos tragos o un espectáculo, hace también una inversión, no sólo financiera, sino emocional. Él ha invertido cierta cantidad de tiempo, dinero y atención en directa proporción al gusto que tenga por la mujer.

De manera que hasta el amor se convierte en una cuestión

de inversiones financieras. Inversiones emocionales. Y cuando usted se da cuenta de que en realidad el hombre y la mujer se parecen mucho en este aspecto, entrará de lleno al área de competencia. Consiga que una mujer le haga un favor y la mujer es suya. No importa si se trata de cocinarle la cena, cuidar sus gatos o llevarle en coche a la tienda cuando se ha roto la pierna. *Amamos a quienes tratamos bien.* Y muchos hombres aferrados a la autosuficiencia pasan malos ratos antes de comprender esto. Pero debe comprenderlo si quiere ganar el corazón de una mujer. También hay otros favores a considerar:

1. Pídale consejo sobre algo.
2. Pida que le muestre la ciudad (si usted es un recién llegado).
3. Pídale que le ayude a cocinar, a arreglar el coche, la computadora o en cualquier otro campo en que sea experta.
4. Pida que le preste algún alimento (¡y repóngalo al día siguiente!).
5. Pídale que lleve a su sobrino a tomar un helado.
6. Pida que lo lleve al aeropuerto.
7. Pídale que haga un recado para usted.
8. Pídale prestado un libro.
9. **Nunca le pida dinero.**

A veces somos más generosos cuando permitimos que alguien sea generoso con nosotros. Pocos nos sentimos cómodos, verdaderamente cómodos, cuando recibimos sin dar nada a cambio. Pero un "gracias" sincero, oportuno, o cualquier otro gesto de aprecio será un depósito valioso en la cuenta del banco del amor. En el fondo, tenemos tres denominadores comunes: necesitamos ser amados; necesitamos ser comprendidos y necesitamos que nos necesiten. Esta última necesidad es especialmente poderosa (es la que nos permite permanecer junto a personas alcohólicas, abusivas o masoquistas). Aprenda a utilizar este talón de Aquiles universal en su favor: cultive el arte de los favores. Como beneficio adicional, el mensaje que usted envía al hacerlo es: soy digno de tu tiempo, de tu afecto, de tu atención. Merezco este favor. Abra su mano. Las probabilidades indican que pronto encontrará la mano del ser amado dispuesta a asir la suya.

Capítulo 19

Usted ya lo sabía

¿Cómo puedo saber si una mujer está fingiendo el orgasmo?

Malas noticias: no puede saberlo. No existen manifestaciones fácilmente identificables para detectar el orgasmo femenino. Sus pezones no necesariamente se endurecen; no es seguro que su lubricación escurra por las piernas. Buenas noticias: usted puede hacer algo si sospecha que ella finge.

La técnica lleva el nombre de "orgasmo retardado". Consiste en lo siguiente: usted le dice que esa noche desea hacer algo muy especial. Desea que se recueste tan quieta como pueda, tan silenciosa como sea posible, mientras usted le da una buena sesión de sexo oral. Ella tiene que resistir el orgasmo tanto como puede porque usted ha leído en algún libro que esto da mayor intensidad a la experiencia. ¿Por qué funciona esta estratagema? Porque las mujeres fingen orgasmos por tres razones:

1. No quieren herir sus sentimientos si le dicen que no pueden lograr un clímax.
2. Piensan que usted no quiere prolongar el esfuerzo tanto como para proporcionarles un orgasmo.
3. Creen que deben competir con su última novia, la de senos enormes, ninfómana, reina de la felación que aullaba a la luna cuando tenían sexo.

Al jugar el juego del "orgasmo retardado" usted la libera de la presión que representa el tener que fingir. Ella no tiene que actuar. Tiene tiempo de sobra para llegar al orgasmo. Además, ella se da cuenta de que a usted le gusta el *cunnilingus*. ¡Esta es una manera mucho más efectiva para solucionar el problema que reprocharle el fingir orgasmos!

¿Qué tan importante es tener un pene grande?

Es importante si usted depende de factores tan estúpidos como el coche, el cabello o el dinero para conquistar a una mujer, sin tomar en cuenta lo que realmente importa: su carácter. Si usted está decidido a jugar el papel de semental, el pene grande es tan importante como los senos enormes para las mujeres. A las personas superficiales les gusta lo superficial.

Los penes grandes impresionan más a los hombres que a las mujeres. Los penes grandes son un símbolo de estatus como un coche caro, un gran ingreso o el yate que espera al final del jardín trasero. En realidad no le convierten en mejor amante o en un tipo más sexy. Nunca he escuchado a una mujer que dijera buscar a un hombre de pene grande. (Pero sí he oído cuentos de mujeres que, frente a miembros descomunales, tomaban sus cosas y huían. ¿Qué caso tiene un pene enorme si las mujeres se espantan al verlo?)

¿Debemos discutir nuestras fantasías sexuales?

Si la fantasía tiene que ver con ella, por supuesto. Comuníquele sus fantasías. Si no es así, guárdelas para usted mismo. Las fantasías sexuales son aventuras eróticas privadas en que sólo usted puede y debe enfrascarse. Ninguna mujer (sin importar lo mucho que desee saberlo) gusta de escuchar que usted tiene fantasías con su hermana, su mejor amiga o alguna actriz despampanante del cine o la televisión.

¿Cuál es la mejor manera de iniciar el sexo?

A veces, la mejor manera de iniciar el sexo es no iniciarlo en modo alguno. Las mujeres son curiosas a ese respecto. Si usted las abruma no desearán lo que propone. Si se porta como un caballero besándoles la mano en la puerta de su casa, entonces le invitarán a pasar. Un hombre sabio dijo alguna vez, "Una mujer jamás perdonará el que usted no quiera dormir con ella". No tiene que ser tímido o mostrarse cohibido: compórtese como caballero.

Tipos de fantasías sexuales de las mujeres

Las mujeres tienen fantasías de dominio. Sueñan con seducir. Algunas fantasean sobre relaciones con otras mujeres. Pero no olvide que, en última instancia, la fantasía es como un caballo sin riendas: puede galopar a donde sea.

¿Por qué engañan las mujeres?

Las mujeres engañan cuando se sienten rechazadas. Ignoradas. Pasadas por alto. Es raro que las mujeres engañen por motivos meramente sexuales. Siempre tiene que ver con alguien que las hace sentir bellas de nuevo, quien las pretenderá con el mismo entusiasmo que usted solía mostrar. La manera más segura para llevar a su mujer a los brazos de otro es ser posesivo y/o negligente. Es costoso olvidar que ella es mujer, no sólo esposa/madre o proveedora.

¿Cuál es la mejor manera de terminar una relación?

Casi todas las mujeres son insufribles cuando se trata de terminar relaciones. Tienen miedo de decirle que todo ha terminado, así que se muestran más reacias al contacto. A veces le dejan hacerse ilusiones hasta que encuentran a un rico y joven doctor. Lo más importante es que usted debe ser un caballero cuando llegue el momento de terminar con una relación. En lugar de no llamarla, debe confrontarla y decirle que todo ha terminado. Dígale que tiene un complejo de "Peter Pan" y que le resulta imposible comprometerse, en caso de que el compromiso sea inminente. Pero lo mejor sigue siendo decir la pura verdad, sin rodeos.

Lo que NO quieren las mujeres

Miles de mujeres (y hombres, por supuesto) fueron entrevistados para realizar este libro. Es asombroso que estemos dispuestos a conversar sobre detalles e intimidades sexuales con extraños y tan poco dispuestos a hacerlo con nuestra pareja; llegado el momento de hablar, cerramos la boca más rápido que si fuera un libro de matemáticas.

Todos tenemos nuestras excentricidades. Yo, por ejemplo, doy conferencias de sexualidad humana a lo largo y ancho de los Estados Unidos y Canadá, hablo de masturbación en la televisión, del orgasmo en la radio, escribo sobre sexualidad y mantengo muchas discusiones sobre vibradores con mis amigos. Pero los comerciales referentes a la menstruación me hacen enrojecer. Es triste pero cierto.

"Sexo", a pesar de los esfuerzos de los años setenta, sigue siendo una palabra sucia. Mucha gente es muy buena para decir lo que **no** desean en la cama. En consecuencia, formé la siguiente lista con base en testimonios de personas que declararon lo que más les molesta de sus compañeros sexuales.

Las mujeres se quejan de los hombres

1. No invierte suficiente tiempo en excitarme

El jugueteo previo, para la mayoría de los hombres, consiste en besar con lengua extra, tocar los senos y luego se dispara el cohete. Siendo que el tiempo de excitación varía mucho de mujer a mujer, la mayor parte de las mujeres necesitan más que esto para excitarse. Puesto que la excitación comienza por los oídos y no entre las piernas, hay muchas otras cosas que deben decirse y hacerse antes de exacerbar la sensibilidad femenina.

2. No me abraza después de hacer el amor

¡El ser cariñoso es muy importante! Las mujeres obtienen del sexo mucho más que la emoción del orgasmo. Obtienen cercanía, comodidad, validación, todo lo cual queda en el aire si usted se da la vuelta para dormir después del sexo. Debe pensar más en el lazo que los une. Dicen que Brigitte Bardot comentó que para una mujer el sexo empieza a las siete de la mañana y termina cuando se duerme. Esto significa que usted no puede hundir la cara en el periódico durante el desayuno, irse a trabajar, ir a beber o a jugar boliche con los amigos, tirarse a ver la televisión en la casa, entrar en la recámara, darle una nalgadita a su esposa y pedirle que se haga a un lado para que usted se acueste. ¡No debe hacer esto si desea tener una relación duradera y armónica! El peor malentendido entre hombres y mujeres es fallar al expresar el amor. Los hombres piensan que las acciones reflejan los sentimientos ("Trabajo como burro para tenerla contenta y para asegurar nuestro futuro"). Las mujeres piensan que las acciones y la palabras definen a los sentimientos ("Nunca dice que me ama"). Las mujeres infieles —o las que abandonan a su pareja— usualmente lo hacen porque se sienten mal apreciadas, pasadas por alto. Muchas mujeres tolerarán (casi) cualquier cosa excepto la falta de atención. No deje que el romance muera en su relación.

3. Tarda poco/mucho en venirse

¿Qué es venirse demasiado rápido? No piense que el punto de referencia debe ser si ella ya se vino o no. Recuerde que las mujeres renuevan su excitación varias veces. Tiene que determinar usted mismo que tanto es "muy rápido". No piense que si usted puede aguantar toda la noche sin eyacular esto va a hacerlo un amante inolvidable. Lo único que logrará será irritar a su amante. Un hombre que entrevisté en una ocasión dijo que una noche bebió de más, se puso una liga de hule en el pene (supongo que para mantener la erección) y se le olvidó que la tenía puesta hasta el día siguiente. Cuando despertó el pene mostraba un color irreconocible, tanto como para que el hombre saliera corriendo al hospital. No beba y haga el amor. Si quiere durar más, piense en el encuentro perfecto con el desarrollo perfecto de los eventos. Lo que podemos concebir mentalmente lo podemos lograr. Esto es mucho más efectivo que pensar en el trabajo o en los resultados de béisbol o imaginar accidentes carreteros para controlar su excitación. Haciendo este tipo de cosas sólo arruina la experiencia. También puede suspender el contacto por completo o dejar de moverse un momento antes de que llegue lo inevitable; luego siga adelante cuando la excitación ceda. También recuerde que las mujeres que tienen orgasmos durante la relación sexual generalmente los obtienen después de tres a diez minutos de movimiento constante y firme.

4. ÉL NO COMPRENDE QUE ME SIENTA SATISFECHA AUN CUANDO NO LOGRE VENIRME

Los Estadounidenses concebimos el sexo como la consecución de una meta (el orgasmo). Para muchos europeos los que vale la pena es el viaje y no el destino al hacer el amor. Como mencioné antes, las mujeres obtienen muchas otras cosas además del orgasmo. *La mayoría de las mujeres son anorgásmicas en algún momento de su vida.* Desafortunadamente, esto suele propiciar espantosas conversaciones de tres horas sobre qué fue lo que falló. Casi todas las mujeres darían cualquier cosa por no meterse en estas interminables conversaciones. Incluso están dispuestas a fingir orgasmos. Las mujeres fingen para no herir sus sentimientos y para competir con su última novia (siempre la imaginan ninfómana). Así que cuando una mujer le diga que no se vino pero que la pasó bien de todos modos, acéptelo. Usted sólo es responsable del 50 por ciento del orgasmo femenino. El resto es cosa suya. ¿Debe sentirse culpable si su pareja no llega al orgasmo? La respuesta es no, siempre y cuando haga todo lo posible —dentro de lo razonable— para complacerla en la cama.

5. ÉL PERMANECE SILENCIOSO CUANDO SE VIENE

No sé de donde sacamos la idea de que está bien que las mujeres hagan todo un escándalo cuando llegan al orgasmo pero los hombres deben permanecer en silencio. Quizás los hombres se inhiben por el hábito de masturbarse a escondidas en una habitación compartida con el hermano menor o con un compañero de la universidad. ¿Quién lo sabe de cierto? Los hombres que yo entrevisté dijeron que el hacer ruido durante el sexo los hacía sentir ridículos. Sin embargo, en lo que respecta a las mujeres, es importante que usted manifieste sus sensaciones vocalmente. ¡Ella quiere escuchar lo muy excitado que está tanto como usted desea saber que ella está excitadísima! No olvide que los gruñidos, los gritos extáticos (incluso el lenguaje explícito) pueden excitar mucho a su pareja.

6. Él no me habla cuando hacemos el amor

¡Las palabras son lo más importante! Como dijo Robin Williams en *La Sociedad de los Poetas Muertos*, el propósito de la poesía es halagar a las mujeres. Usted, también, debe aprender a usar el poder del lenguaje. Si su pareja tiene senos o cabello hermoso, *dígaselo*. Una mujer bellísima que entrevisté dijo que su novio (y los novios anteriores) rara vez le decían que era bella. El novio en cuestión dijo que "ella escuchaba eso todo el tiempo de todos los demás y que él no iba a alimentar su ego todavía más". Mala jugada. Este es el tipo de pensamiento que lo convierte en un solitario sin citas para el sábado por la noche. Pero todavía es más importante dar ánimo durante el sexo. Nota: la posición favorita de los hombres es aquella en la que la mujer está arriba. ¡Esta es la que menos le gusta a las mujeres! ¿Por qué? Las mujeres son muy sensibles a sus propias imperfecciones corporales. Al estar en esta posición se sienten sumamente visibles. Muchos hombres no saben que *si no se retroalimenta la confianza las mujeres tienden a pensar lo peor*. Mientras usted se la pasa fenomenal contemplando a su compañera ella piensa, "Sé que está viendo mi panza. ¿Por que no habré hecho abdominales?" O "mis senos. Está viendo mis senos; ¡seguro piensa que son más pequeños que los de su última novia!" Por eso usted debe aprender a hacer cumplidos si quiere que su compañera se sienta bien en determinadas posiciones. El temor y la vergüenza son los peores enemigos de la felicidad sexual.

7. Él no es muy limpio que digamos

Mientras más dura una relación, es más fácil que olvidemos

rasurarnos, lavarnos o cepillarnos los dientes. Todos lo hacemos. Esos pequeños detalles hacen la diferencia debido a que, especialmente las mujeres, tienen muy desarrollado el sentido del olfato.

8. No es muy oportuno que digamos

Por razones que sólo ellos conocen, muchos hombres se ponen románticos cuando sus parejas están listas para salir de casa. O cuando duermen. En cualquier caso, su compañera va a apreciar muy poco sus tentativas. Es común que estas reticencias se tomen como algo personal siendo que nada tienen que ver con el individuo en sí. No espere que las mujeres estén listas para la pasión a las seis de la mañana mientras se prepara para ir a una cita de trabajo importante.

9. No acepta mis puntos de vista y preferencias

¡Ah, estamos ante una rara joya: la mujer que sabe lo que quiere y lo dice! ¡Las recomendaciones no son críticas! Las mujeres no vienen con manual de instrucciones, así que cuando su amante sugiera algo no actúe como si lo supiera de antemano. Esto es mentira. Toda mujer es distinta. ¡No me canso de repetirlo! Si de todos modos le molesta que le pidan hacer algo en la cama o le hace sentir menos hombre, pídale que le ruegue. Podría sorprenderse. ¡Muchas parejas encuentran excitante este juego de sumisión!

10. No le gusta discutir sobre sexo. Punto

Esto es mucho más común de lo que cree. Para muchos hombres es difícil discutir sobre sexo con su pareja. ¡Tal vez tienen miedo de descubrir algo desagradable! "Me gusta cuando tú..." Es muy buena manera de empezar ese tipo de conversación. La timidez respecto a hablar de aspectos personales es normal. No creo en lo que llaman obscenidad (excepto por la violación y el abuso infantil), pero creo que hay maneras crudas de expresar sentimientos sexuales. Evite usar la palabra "c...r" si es posible. Hay muchos términos menos ofensivos que puede utilizar para hacerse entender.

También entrevisté a varios hombres para obtener su opinión sobre las mujeres.

Los hombres se quejan de las mujeres

1. Ella ni siquiera se mueve
Esto es muy, muy frustrante. Hace que la mayoría de los hombres se sientan necrofílicos.

2. No le gusta hablar de sexo; no me dice qué le excita
Muy común. El temor es el factor principal en este tipo de conducta.

3. No le gusta el sexo oral; no se traga el semen
El sexo oral es el servicio más solicitado a las prostitutas. No es sorpresivo —proporciona gran placer. Pero lo fundamental es que la satisfacción psicológica es enorme. A pesar de la liberación sexual de los años sesenta y setenta, muchos hombres siguen viendo el sexo oral como algo prohibido y sucio. Hacer que una mujer les chupe el pene es la máxima forma de aceptación. Para algunos, la emoción consiste en hacer que

una mujer haga algo que le repugna. Sí; incluso algo tan natural como el sexo oral puede ser un tema complejo.

Usted no es un pervertido si le gusta que le chupen, laman y consientan el pene. Una mujer que se rehusa a hacerlo suele estar temerosa (de no hacerlo bien, de que usted se venga en su boca) o en razón de prohibiciones religiosas. Mi consejo es no presionar demasiado a alguien renuente. A la gente le duele mucho que le obliguen a hacer algo que no quiere hacer. Pero en el caso de muchas mujeres existe el deseo de hacerlo. Si puede comunicarse sin que parezca que da consejo sexual cada viernes, sugiérale lo siguiente:

1. Que use la mano y la boca (la mano en la parte larga y la boca en la cabeza del pene).

2. La práctica de garganta profunda (meterse el pene hasta la garganta) hace que muchas mujeres sientan contracciones de vómito. No lo recomiendo.

3. Cuando se viene, es de mal gusto que ella se pare corriendo al baño a escupir y hacer buches. El semen de la mayoría de los hombres tiene un sabor ligero que no es desagradable, pero si no quiere tragarlo, está en su derecho. Si se pone el pene en el fondo de la boca apenas gustará el sabor. También existe la opción de que ella termina la faena con las manos o con los senos. Usted puede detenerse antes de eyacular y penetrar por la vagina. Sea creativo y paciente.

4. Ella tarda mucho en excitarse

Sí, una mujer puede requerir todo el tiempo del mundo. Hay muchas maneras de elevar la sensibilidad sexual de una mujer, incluso antes del jugueteo previo; eso le evitará a usted morir de un ataque al corazón por agotamiento. Siga leyendo.

5. ELLA NUNCA TOMA LA INICIATIVA

Muchas mujeres consideran que tomar la iniciativa es poco femenino. Desde la infancia les enseñan que la pasividad es el elemento fundamental de su sexualidad (Rapunzel, La Bella Durmiente, Blanca Nieves, Cenicienta). ¿Le parece raro que muchas mujeres se sientan incómodas al tomar la iniciativa? Una mujer que inicia el sexo es el equivalente del macho que toma clases de tejido.

6. NO SABE SI LLEGÓ AL ORGASMO

Los hombres preguntan: "¿Cómo es posible que no sepas si llegaste al orgasmo?" es una pregunta perfectamente lógica. Pero las mujeres tienen dos tipos de orgasmos (con una infinita gama intermedia). Para algunas mujeres, el orgasmo es algo así como la "Obertura 1812" —fuegos pirotécnicos, cañones. Para otras es un aumento de presión que termina en una liberación de dicha presión. No necesariamente tiene que ver con el vuelo. Así que si una mujer no puede responder si se vino o no, tal vez no se esté haciendo la tímida o la tonta. Con toda esa actividad a veces es difícil decir si... O puede ser su manera diplomática de decirle que no tuvo orgasmo, sin querer mentir pero también pretendiendo no herir sus sentimientos. ¡Las mujeres son criaturas misteriosas!

7. ES FRÍGIDA (ANORGÁSMICA)

La mayoría de las mujeres no son orgásmicas el 100 por ciento del tiempo. Algunas nunca lo son. Otras necesitan tener un orgasmo por masturbación (realizada por ellas mismas) antes de poder tener un orgasmo con usted. Le recomiendo que le compre un vibrador y la convenza de usarlo. Los vibradores facilitan muchísimo el orgasmo de la mujer. Las vibraciones no son algo natural —nada puede igualar sus manos o lengua— así que sería bueno que ella graduara la actividad hasta disfrutar con medios de presión menos directos: el agua. Un masaje con agua o el simple grifo de la bañera puede funcionar. Una vez que sea experta, puede usar los dedos. Si una mujer puede llegar al orgasmo usando únicamente sus dedos (en el clítoris, no necesariamente en la vagina), puede tener un orgasmo con usted. Muchas mujeres tienen que aprender a masturbarse. Esto puede parecerle difícil de creer, pero es importante señalar que las mujeres no pueden ver o manipular su vagina como los hombres manipulan y miran su pene. A menos que sea contorsionista, una mujer solo podrá ver su vagina con ayuda de un espejo. Por lo tanto, gran parte de la sexualidad femenina es imaginaria. Y allí está el problema. Todos los manuales exhortan a que usted estimule el cuerpo de una mujer como si fuera un cuerpo de hombre, pero no enseñan a estimular la imaginación. Pero los hombres sabios saben que si quieren llevarse a una mujer a la cama deben entrar a su cabeza primero. Esta es la diferencia entre este libro y otros. Usted está aprendiendo a excitar su mente y su cuerpo.

8. No LE GUSTA PROBAR POSICIONES NUEVAS

Mientras ellas piensan en sus senos y en la celulitis, usted se siente el hombre más feliz sobre la faz de la tierra. Aunque no acepte de buen grado los comentarios, es importante animarla —especialmente si usted quiere que ella se sienta cómoda y receptiva con sus maravillosas capacidades sexuales.

9. Ella habla de otros novios que ha tenido o me compara con ellos

Cuando escucho las cosas hirientes que las mujeres les dicen a los hombres (y viceversa), me entran ganas de escribir todo un libro de etiqueta sexual. La gente con clase no hace referencia a sus amoríos pasados ni tampoco comparan el desempeño de los anteriores hombres en la cama —favorable o desfavorablemente— respecto del compañero actual. Un hombre con el que conversé me dijo que su última novia le comentó que se alegraba de que no tuviera un pene tan grande como el de su ex — "¡Me dolió tanto!" ¡Ouch! No trato de sugerir que nunca se discutan las relaciones pasadas, pero eso no debe hacerse cuando apenas comienza una. ¿No le gusta? ¡Dígalo! Dígale a las claras que no le gusta y que no se lo hará a ella. Es casi imposible manipular sexual y emocionalmente a alguien que está consciente de esa manipulación y que se atreve a reclamar.

10. Ella habla de nuestra vida sexual con sus amigas

Muchos hombres piensan que la relación sexual debe quedarse en la recámara. Bueno, probablemente sea cierto, pero también hay hombres que se enfrascan en conversaciones explícitas. La paranoia comienza porque creen que las mujeres se sientan a comparar el tamaño de los penes. No hay duda de que algunas lo hacen. Mientras que los hombres hablan de sus experiencias sexuales en general ("Lo hicimos 18 veces anoche", "Rogaba por ello", "La empujé sobre el lavabo y se la dejé ir", etcétera), las mujeres se extienden en sus sentimientos ("Finalmente me dijo que me ama", "me sentí vacía después de hacer el amor", "es tan extraño estar con alguien después de Bob", "fue la primera vez que tuve un orgasmo" etcétera). Las mujeres hablan de muchas cosas, y normalmente el sexo es una de ellas. Espero que la mujer que le acompaña sea discreta y tenga buen gusto; siendo así, confíe en ella.

11. Las mujeres dicen que quieren hombres "sensibles", pero la verdad es que quieren a Clint Eastwood

No. Lo que las mujeres quieren es un hombre que sea sensible sin comprometer su masculinidad. ¿Qué significa esto? Significa que ella desea que usted haga cosas de hombres —comprar herramientas, arreglar coches, beber cerveza— pero desean también que, ocasionalmente, sea capaz de hablar sobre sus sentimientos. Quiere que recuerde su cumpleaños, el aniversario, que diga "te amo" de vez en cuando. Los hombres deben aprender a preguntar a las mujeres cómo se sienten sin aparentar mucho esfuerzo. No es tan complicado.

12. Las mujeres usan el sexo como instrumento de negociación

Algunas sí. Pero ciertos hombres son culpables de pensar que los favores sexuales femeninos pueden comprarse. Si usted sólo obtiene satisfacción sexual con su compañera después de contraer deudas para satisfacerla, usted tiene tanta culpa como ella.

Capítulo 20

Correspondencia II

Staci:

Soy de baja estatura, calvo y peso 60 kilos. Obviamente no soy ningún Adonis. Pero, ¿significa eso que estoy condenado a salir con mujeres horribles? Sospecho que si tuviera millones las cosas cambiarían. Si todo sigue como hasta ahora, las mujeres bellas con quienes quiero salir seguirán sin aceptar.

Alan J. Houston, TX

Querido Alan:

Es muy probable que estas mujeres se den cuenta de que no quieres salir con ellas: quieres salir con su aspecto físico. ¿Quién desea algo así? Si estuvieran dispuestas a establecer una relación superficial podrían relacionarse con un hombre rico. Pero la verdad es que tú no les ofreces amor, atención, compromiso o conversación (¿cómo podrías conversar cuando estás tan ocupado en su belleza física?). Busca una mujer de la que puedas enamorarte. Deja tu ego en otra parte, porque la verdad es que tu ego apesta. Te prometo que dejarás de perseguir mujeres para gratificar tu hambriento ego y comenzarás a valorar su valía como seres humanos; verás que las mujeres responderán de manera distinta. Por supuesto, esto conlleva ciertos riesgos emocionales, mismos que has evadido. Es fácil echarle la culpa de los problemas a tu apariencia. Después de todo, es verdad que la apariencia juega un papel en las relaciones, pero he visto mujeres bellísimas que se relacionan con hombres comunes que no son ricos. Perdóname Alan, pero tú eres el superficial, no las mujeres con quienes quieres salir.

Staci:

Soy judío y mi pareja es católica. ¿Tenemos alguna esperanza? Hasta ahora nuestras distintas creencias religiosas no han sido un problema. He oído muchas historias espeluznantes y por eso me preocupo. ¿Qué piensas?

Jonathan Z., Nueva York, NY

Querido Jonathan:

La verdad es que no conozco a muchas parejas que hayan superado este problema satisfactoriamente, especialmente si hay niños de por medio. Si su intención es construir un nido, haría todo lo posible por evitar conflictos de fe; muchas veces esta fe es más poderosa que las buenas intenciones.

Existen métodos para resolver el problema. El ponerse de acuerdo sobre el credo en que se educará a los hijos no es uno de ellos (el miembro de la pareja que cede invariablemente cambia de opinión.) Llevar a los niños a la sinagoga y a la iglesia es peor porque se fuerza que los niños tomen una decisión —la cuál dolerá a uno de lo padres—. No, quizás la solución esté en darles una formación laica. No todos son capaces de hacer ese tipo de concesiones; pero piensa en que los conflictos religiosos son fuente de infinitos males (el curso de la historia da cientos de ejemplos). En última instancia, deben preguntarse qué es más importante: educar a los niños con una mentalidad abierta, laica o arriesgarse a que se generen problemas tremendos en nueve de cada diez casos, sin descartar el divorcio. Los que no dan importancia a las actividades religiosas antes del matrimonio suelen cambiar cuando nacen los niños. Sean cautos y buena suerte.

Staci:

En verdad me gusta esta chica, pero sigue implicada con su antiguo novio. Dice que va a romper todo contacto con él pero hasta ahora no lo ha hecho. Su excusa es que no quiere lastimarlo. Me gustaría acercarme más a ella, pero no sé que tan bueno sea eso considerando las circunstancias. ¿Podrías darme algún consejo?

Glen B., Timonium, MD

Querido Glen:

Me parece que su excusa es bastante trillada: "No quiero lastimarlo". ¿A quién lastima en última instancia? ¡A ti! Esta, Glen, es una de esas difíciles situaciones que debes meditar preguntándote, "¿me gustaría tanto esta mujer si estuviera completamente disponible?" Hay mujeres tan listas como para darse cuenta de que ese triángulo amoroso es el mejor método para captar tu interés. En nueve de cada diez ocasiones, lo que las mujeres pretenden al mantener abiertas las líneas de comunicación con el novio anterior, es tener alguien a quien acudir si las cosas entre ustedes no funcionan. Ella sabe que tu interés puede menguar cuando sea solo tuya. Es una apuesta. Debes cuestionar tus motivos de fondo. Después de todo, el amor verdadero es raro y valioso. Hay mujeres que no tienen este tipo de conflictos emocionales; a lo mejor te conviene más buscar una de ellas. También existe la posibilidad de que trate de encelar a su ex-novio. Lo más importante es que, hagas lo que hagas, mantengas los ojos bien abiertos.

Staci:

Tengo 32 años, estoy casado y tengo un hijo y una hija. Mi esposa es atractiva pero he insistido en que pierda el peso que ganó en el embarazo. Estando tan gorda como ahora ni siquiera se me antoja dormir con ella. Peor aún, me he enamorado de otra mujer que trabaja conmigo y ya he pensado en divorciarme para estar con ella. He tenido aventuras en el pasado pero no me había enamorado como ahora. ¿Qué sugieres? Estoy muy confundido.

Myron W., Tucson, AZ

Querido Myron:

Déjame decirte que te compadezco. Tu situación no es sencilla. En contra de lo que muchos creen, el sobrellevar dos romances simultáneos no es tan agradable como parece. Es crucial que aceptes plenamente tu falta para así tomar la decisión correcta. Es tentador echarle la culpa de todo al sobrepeso de tu mujer, pero tú mismo dices que ya la has engañado antes, cuando, probablemente, el sobrepeso no existía. Esto indica que el problema es tuyo. Es razonable suponer que no la engañas por serte poco atractiva sino por necesidades egoístas. De hecho, la mayoría de los hombres que engañan a sus mujeres lo hacen movidos por el ego, no por el sexo. Es su manera de probarse a sí mismos y a los demás "que aún las tienen consigo". Desafortunadamente, te enamoraste y eso complica el asunto.

Si yo fuera tú, me pondría una fecha límite para tomar la decisión —algo así como tres meses—. Hasta entonces, te recomiendo que seas extremadamente discreto con tu aventura, sin prometer nada. Si cuando pase la emoción inicial aún quieres cambiar a tu familia por esta mujer, adelante. En lo personal, pienso que los hijos son más importantes que cualquier otra cosa, pero no me gusta juzgar los actos de los demás. Recuerda que los niños son muy sensibles; debido a ello te pido que recapacites respecto de tu debilidad por el engaño. Puede dañar seriamente la personalidad de los niños. Los niños imitan lo que ven. ¡Te deseo suerte y mucha claridad en tu juicio!

Staci:

Sé que parecerá descabellado que te escriba por un problema tan extraño, pero el mayor problema de mi relación actual es... ¡la música! ¡Mi música! En verdad me gusta el rock ácido, pero Pam, mi novia, *gusta del jazz. Cuando vamos a algún sitio en el coche y yo pongo una cinta, ella se molesta sobremanera. Si pongo algo como AC/DC comienza a gritarme. ¿Qué hago? A veces siento que estoy a punto de torcerle el cuello.*

Dave P., Milwaukee, WIS

Querido Dave:

Si comparamos tu situación con la de muchas otras parejas, concluiremos que tu motivo de fricción no es tan extraño (otros pelean por la pasta de dientes, por la taza del retrete, etcétera). El conflicto tiene sus raíces en una lucha de poder. ¿Quién manda? A todos nos pasa lo mismo alguna vez; piensa en las pequeñeces que provocan una batalla campal y que, sin embargo, cuando la batalla culmina, ya se nos han olvidado. Probablemente Pam no guste del rock ácido (y, para hacerle justicia, este tipo de rock requiere de un gusto especial), pero si ella estuviera en las primeras etapas del enamoramiento le daría menos importancia al asunto. Cuando el amor supera las primeras etapas de ilusión, cuando las individualidades demuestran que aún son entidades independientes, nos parece difícil perdonar las fallas de la otra persona. Nos irritan las faltas de nuestro amante (no importa si las faltas son reales o imaginarias). Esto es parte de las relaciones que se encuentran en proceso de maduración. Pam debería darse cuenta de esto y tú también deberías estar consciente de que al tocar música a gran volumen estás interponiendo una barrera que los aleja. Es materialmente imposible lograr la intimidad o la comunicación amorosa que tanto gusta a las mujeres si AC/DC está a punto de reventar las bocinas. Tú, Dave, necesitas más distancia. Esto no significa que veas menos a Pam, sino que traten de gozar las cosas juntos. Corran juntos, por ejemplo. Y, por el amor de Dios, ¡cómprate unos audífonos! En el auto pregúntale a Pam qué le gustaría escuchar. En los años cincuenta, los soviéticos utilizaban la música a gran volumen para torturar a los disidentes, así que no tortures a Pam. Imagínate que te obligaran a escuchar diez horas de polka y empezarás a entenderla.

Staci:

Me siento frustrado. No se trata solamente de que mi esposa es muy apática en la cama, sino que cuando sugiero algo que salga un poco de lo ordinario, ella se espanta, me dice pervertido y deja de hablarme por días enteros. Quiero seguir casado con ella —es la madre de mis hijos y la amo— pero comienzo a sentir lástima por mí. Pareciera que todos, excepto yo, tuvieran una vida sexual plena y emocionante. No sé cuanto más puedo aguantar.

P.D. Siempre ha sido así, incluso antes de que nos casáramos. Pensé que lo superaríamos.

Wayne T., Louisville, KY

Querido Wayne:

Cualquier policía que toma testimonio a testigos del mismo crimen sabe que todos lo ven de diferente manera. Tú y tu esposa ven el sexo desde perspectivas distintas; ambos se sienten incomprendidos y malinterpretados. Te felicito por aguantar. La ansiedad puede crecer y enroscarse en los problemas sexuales haciéndolos más importantes de lo que en verdad son.

Primero que nada, Wayne, necesitas preguntarte si estos anhelos sexuales son verdaderos deseos y si sólo los deseas porque ella te los niega. En otras palabras, ¿es un conflicto de dominación o sexual? Recuerda lo atractivos que eran los juguetes de otros niños en comparación con los nuestros. ¡Nada ha cambiado! Exigimos cosas a nuestros amantes para no sentirnos privados. Pensándolo bien, me parece que tu esposa está un poco inhibida. El apoyo psicológico puede ayudar o no, dependiendo de si sus inhibiciones se deben a una niñez con estricta educación puritana, al abuso sexual infantil o a algún otro trauma que estancó su desarrollo. En páginas anteriores, aconsejé cómo hacer que ellas hablen de sexo. Utiliza esas sugerencias y haz que te hable directamente. Un consejo: no la obligues a tener sexo o a prácticas que no quiera emprender. El resentimiento puede ser muy grande. Si todo falla, consulta a un experto (junto con ella, si es posible) para que ventilen sus sentimientos de ira y frustración. ¡Las relaciones valiosas nunca son fáciles!

Staci:

Mi novia y yo no tenemos nada en común, excepto por una genuina atracción mutua. No sé cuanto pueda durar. Tengo edad suficiente para saber que estas relaciones no duran para siempre.

Robert S., Boise, ID

Querido Robert:

¡Buena pregunta! Todo depende del ritmo que lleve su relación. Una pareja que se ve a diario durante tres meses quema sus reservas demasiado rápido. Por otra parte, las parejas que espacian demasiado sus encuentros se inflaman tanto que llegan a la conclusión de que se aman y deben casarse. Lo peor que puede hacer una pareja es darle a la atracción sexual nombres y categorías que no le corresponden. Lo difícil de estas atracciones irresistibles es que suelen llevar a conflictos fuertes, a lastimar sentimientos y a animar la venganza. Esto no quiere decir que las relaciones tempestuosas no sean recomendables. ¡No! Son maravillosas; le recuerdan a uno que está vivo. Vívela Robert, pero recuerda que cuando llegue el final, debes aceptarlo con resignación y entereza.

Staci:

Sé que esto suena horrible, pero me siento muy atraído por la novia de mi mejor amigo. Ella es inteligente, sexy y tiene un cúerpo que puede volver loco a un hombre. A veces, cuando las cosas no marchan bien entre ella y Doug, me da la impresión de que le gusto. ¿Soy un tonto por enamorarme de alguien que, moralmente, está fuera de mi alcance?

Pete S., Baton Rouge, LA

Querido Pete:

¿En verdad estás enamorado? Si lo estás, estoy de acuerdo contigo. A veces pensamos que nos enamoramos de quienes están fuera de alcance siendo que sólo nos sentimos atraídos por la fruta prohibida. ¿Recuerdas la historia que a este respecto cuenta la Biblia? Otra historia antigua es la de los hombres que luchan por la misma mujer. Y puedes estar seguro de que pelearán si te dejas llevar por esta peligrosa pasión. La pregunta es: ¿cuándo sucederá? Francamente, yo me tranquilizaría para analizar mi vida hasta ese momento: ¿Te sientes aburrido por una vida rutinaria? ¿Has conocido gente nueva, especialmente mujeres? ¿Estás contento con tu trabajo? Cuando nos metemos en una botella y ponemos el corcho no solemos ver las cosas en su justa perspectiva. Eso es inevitable. Mi consejo, Pete, es que trates de ampliar tus horizontes sociales por un tiempo. Si persisten los mismos sentimientos respecto de la novia de tu mejor amigo, toma una decisión hasta después de revisar todas las posibilidades. No seas presa de pensamientos erróneos como por ejemplo, "Con hacerlo una vez se nos pasará." Una vez que lo hagas, estarás metido hasta el cuello en ese asunto. Buena suerte.

Staci:

Nunca antes le he dicho esto a nadie, pero ninguna mujer —ni siquiera la mujer más bella del mundo— me excita tanto como una mujer común que use tacones altos de color negro. Debo hacer notar que hablo de pasión a lo grande. Lo que me hace sentir mal es que la mujer que los usa queda reducida a unos simples tacones. Sé que estoy utilizándola. También sé que esto se llama fetichismo, aunque los zapatos en sí no me excitan más que cuando se los veo puestos a una mujer. ¿Qué piensas?

Felix H., NM

Querido Felix:

¡Te felicito por tu sensibilidad! Y tienes razón, la mujer queda reducida a unos simples zapatos. Eso es malo. Lo bueno es que cualquier mujer que detecte la pasión provocada por su persona o sus zapatos se siente afortunada. No todos los hombres son capaces de sentir grandes pasiones, sea por los zapatos, los ideales o las mujeres. Puedes considerarte entre unos cuantos afortunados. Mientras te esfuerces por demostrar a tus parejas que es a ellas a quienes deseas ver con los zapatos puestos, no tienes por qué lastimar sus sentimientos. Tu única causa de preocupación, Felix, debería suscitarse en el caso de que no puedas tener sexo sin los zapatos. Si ese es el caso, te recomiendo que acudas a un experto. Si te gustan los zapatos y puedes funcionar normalmente sin ellos, no hay problema. La culpa que sientes puede minimizarse al saber que, cualquier pasión sexual (a menos que involucre coerción, violencia o niños) es algo extraordinario.

Staci:

Soy un hombre verdaderamente cariñoso; aunque la mayoría de mis amigos no son así, me gusta ser afectuoso en público. Desafortunadamente la muchacha con la que ando no es afectuosa conmigo (lo cuál es desastroso). Me hace enojar porque quiero que la gente sepa que estamos juntos. ¿Estoy loco o es una conducta normal?

Frank G., Toronto, Canadá

Querido Frank:

¡Felicidades! He recibido toneladas de correspondencia escrita por mujeres que se quejan en razón de que sus maridos y amantes no les demuestran afecto al estar en público. Eres uno en un millón. De cualquier manera, me parece que en el caso aludido, el afecto a tu novia tiene poco que ver con una expresión espontánea; me parece que se acerca más a el típico "¡Hey, miren todos!" "¡Conseguí este bombón!" Tú mismo admites que te molesta cuando ella rechaza tus muestras de afecto. Es triste, Frank, pero pocas cosas molestan más a una mujer hermosa que el tipo con el que andan "marque" su territorio alrededor de ellas como si fuera un lobo. Echa a perder la relación. En lugar de dedicar sus energías a mantenerla a ella dentro de la relación, él desperdicia el tiempo tratando de que otros no se acerquen. En última instancia, el único derrotado serías tú. Te aconsejo que trates de dominarte un poco. Te sorprenderás de qué tan rápidamente las personas se acercarán a ti si tú cambias. Debes mantener la distancia para no asustar a las personas (hombres o mujeres). A veces es difícil. No aconsejo que cambies tu manera de ser para mal, sino que ejerzas el maravilloso arte de la neutralidad. Si logras este balance, no tendrás que preocuparte sobre otros pretendientes que se acerquen a tu pareja porque ella misma les dejará claro que su corazón está ocupado. Buena suerte.

Staci:

Sucedió lo siguiente. Un día, durante una práctica de futbol soccer, vi a mi amigo Mike con una muchacha que no era su novia y me enojé bastante. Trisha es una mujer maravillosa y merece lo mejor. Soy un estúpido; decidí decírselo y después de que ella lloró sobre mi hombro nos hicimos amantes. Ahora estoy en problemas porque:

1, *No soy mejor que Mike (excepto que mi novia no lo sabe),*

2. *Estoy enamorado de la novia de Mike,*

3. *Mike se enojaría muchísimo si se enterara. No puedo creer que esto me suceda.*

Steve J., Edison, NJ

Querido Steve:

¡Vaya telenovela en la que te has metido! Tienes razón al sentir que estás a punto de meterte en graves problemas. Tu primer error fue decirle a Trish lo que viste. En esas circuns-tancias, siempre es mejor hacerse el de la vista gorda. Tu segundo error fue expresar tu cariño y preocupación sexualmente. Pero tu tercer y más grave error fue juzgar a tu amigo. ¿Estabas molesto con él? ¿Cómo sabes que no ama a esta mujer del campo de soccer? ¿Cómo estar seguro de que no planeaba cortar con Trish cuando las aguas se tranquiliza-ran? ¡Recuerda que muchas relaciones habitan en castillos de cristal! Steve, puedo darte consejo pero el instinto me dice que seguirás el rumbo que implique menos esfuerzo: Mike seguirá disfrutando de su amorío a escondidas y Trish será infiel a Mike. A fin de cuentas, Trish romperá contigo cuando Mike descubra todo (ella se encargará de decirle todo a Mike) y tú serás víctima de emociones desagradables al ver como se reconcilian y tú quedas fuera. Consecuentemente, tu novia también se molestará y te mandará a alguien con toda razón. Esto ya ha pasado antes, compadrito. Es obvio que "debes" romper con Trish, contarle toda la historia a Mike, tomar toda la responsabilidad por lo sucedido y esperar lo mejor. Si haces las cosas bien, creo que tienes buenas probabilidades de que tu amistad salga intacta. Steve: haz lo correcto. Buena suerte.

Staci:

No sé por donde empezar. Mi madre odia a mi esposa. No es algo que yo sospeche. No. Sé que la odia porque me lo dice a diario. Ahora ni siquiera se hablan. La semana pasada mi madre insistió, por vigésima ocasión, en decirle a mi esposa cómo educar a nuestros hijos. Ya no aguanté más y dije cosas de las que me arrepiento. Quiero a mi madre. Quiero a mi esposa. ¿Qué debo hacer?

Morris J., Virginia Beach, VA

Querido Morris:

¡Divide y vencerás! Me parece como si tu madre estuviera demasiado involucrada en tu vida y la de tu esposa. Antes que nada, necesitas poner distancia entre tu esposa y tu madre. Déjalas respirar. En segundo lugar, necesitas meditar qué es más importante para un hombre adulto; seguramente llegarás a la conclusión de que lo más importante es la esposa y la familia. Tiene que ser así. De otra manera, serás un niño toda tu vida, demasiado dependiente de la mujer equivocada. En tercer lugar debes sentarte con tu madre y establecer algunas reglas básicas:

1. Ya no tolerarás los comentarios negativos sobre tu esposa;
2. Tu madre no volverá a dar consejo sobre los niños si nadie se lo requiere; y
3. Cada transgresión a estas reglas se castigará con una ausencia de una semana (no irás a ver a tu madre). Punto. Puedes esperar que tu madre llore, grite, te haga la ley del hielo, te haga sentir culpable o amenace con matarse. Las madres disponen de armamento sofisticado en su arsenal. Francamente, desde la primera vez que ella habló mal de tu mujer debiste poner un alto a esa situación. Ahora las cosas son más difíciles de solucionar. ¡Pero debes hacerlo! Ponte tu chamarra de camuflaje y entra al campo de batalla. Jennifer debe cooperar y dejar de quejarse de tu madre.

Staci:

Sé que vivo en el siglo veinte pero aún me preocupa el hecho de masturbarme demasiado. Después de todo, ¿cuánto es demasiado? En este momento tengo dos novias y aún así me masturbo tres o cuatro veces diarias. ¿Me convierte eso en un masturbador compulsivo? No; no tengo miedo de quedarme ciego pero sospecho que lo mío no es normal.

Jeff B., Butte, Montana

Querido Jeff:

La única fuente de preocupación que puedo ver en ti no sólo es la frecuencia de la masturbación misma sino los métodos probables que utilizas. Si aprietas la mano demasiado podrías afectar tu sensibilidad a la hora de hacerlo el amor de verdad. En otras palabras, la relación normal no te dará el mismo grado de estimulación intensa que obtienes con la mano. Le advierto a las mujeres que utilizan vibradores exactamente lo mismo. Por lo tanto, aconsejo que no aprietes mucho tu pene. Si la frecuencia de tu masturbación comienza a afectar tu forma de vida o determina tus hábitos personales, entonces sí tienes un problema. Si eres adicto a la masturbación, un orgasmo puede llegar a ser para ti como una copa para los alcohólicos: no puedes detenerte. Si este es el caso, te recomiendo que acudas a tratamiento. Si no, disfruta tu capacidad de disfrutar solo y espera a tener mejores prospectos románticos en el futuro.

Staci:

¿Tener fantasías relacionadas con otros hombres lo convierte a uno en homosexual? De vez en cuando pienso en ello y –me siento culpable por ello– lo disfruto. Me tiene muy preocupado. Por favor dime que soy normal y no homosexual. Estoy petrificado por el miedo.

Tom A., Carrolton, MD

Querido Tom:

Primero necesitas examinar qué es lo que tanto miedo te da

sobre la homosexualidad. Debes saber que muchos heterosexuales tienen fantasías gay. Los hombres gay también tienen
fantasías heterosexuales. Pero recuerda que no son mas que,
precisamente, fantasías. El hecho de que imagine escalar el
Monte Everest no significa que voy a escalar la barda que rodea
el jardín. El temor es tu problema, no las fantasías en sí mismas. Libérate de tu temor.

Primero, ¿qué hace homosexual a un hombre? ¿Una experiencia homosexual? ¿Dos? ¿Cinco? ¿Veinte? Conozco a muchos hombres heterosexuales que han experimentado con la
homosexualidad en la adolescencia. Después de todo, todos
necesitamos un escape sexual. Pero, en mi opinión como
profesional, ellos no son homosexuales. Mucha gente cree
que todos somos intrínsecamente bisexuales. La fantasía más
común de los hombres consiste en dos mujeres haciendo el
amor. Se cree que esto es una expresión consciente de
impulsos homosexuales inconscientes. Todo es relativo. Es
por eso que no debes preocuparte de estar mutando en
homosexual por tener ese tipo de fantasías. El ser gay no es
una enfermedad o algo atemorizante y el tener fantasías gay no
te hace homosexual. Es señal de que eres humano. Así que
despeja tu mente y no temas sus manifestaciones. El temor
extremo puede ser autodestructivo.

Staci:

*Parece que soy incapaz de ser monógamo. Me resulta imposible.
Lo intento pero siempre hay mujeres que desean algo conmigo. La
vida se vive una sola vez, ¿no es así? Pienso que es demasiado*

esperar que dos personas sean fieles el resto de su vida. Después
de un tiempo, se introduce la infidelidad a la relación. La única
diferencia respecto de los demás hombres es que yo hago lo que ellos
sueñan hacer.

Jeff D., Houston, TX

Querido Jeff:

Puedes tener razón. Tal vez sea imposible permanecer monógamo toda la vida sin secarte sexualmente. Pero no lo creo. El
hombre o la mujer que utiliza la relación firme para acudir a
ella como un refugio, está cometiendo traición. Si sabes que
no puedes permanecer monógamo, no rompas el corazón de
tu pareja estable al hacer del compromiso una simple burla.

Francamente, sospecho de los hombres que afirman tener
penes vagabundos. Me pregunto si son infieles por razones
sexuales o por la conquista misma. Si sólo buscas tener buen
sexo, puedes encontrarlo con una sola mujer. Pero si esta es
la manera de disfrazar inseguridades y traumas, nunca llegarás
a sentirte bien. Ni siquiera en el largo plazo. Las personas más
infelices son las que tienen algo que probar a los demás: la
mujer que coquetea para mostrar que es bella y el hombre que
usa el pene para medir su masculinidad. No seas tonto, Jeff.
No engañes a las mujeres que pretenden entregarse a un solo
hombre. Es algo horrible. Y si estás causando mucho dolor a
muchas mujeres te aconsejo que pienses en tus acciones o que
te sometas a terapia. Después de todo, como tú mismo
escribiste, "Sólo se vive una vez."

Staci:

Probablemente soy el único tipo que tiene este problema en los Estados Unidos, pero no me puedo venir cuando una mujer me hace el sexo oral. La verdad es que no me excita mucho. Prefiero hacer el amor al sexo oral —activo o pasivo—. ¿Tengo algún problema? Sé que a Samantha le encantaría que en verdad me metiera en el sexo oral y lo gozara, pero no puedo. La mayoría de los hombres estarían dispuestos a matar por conseguir una mujer que guste del sexo oral, pero heme aquí sin saber qué hacer. ¡Ayuda!

Mickey P., Bangor, MA

Mickey

En lo tocante a tu poca satisfacción con el sexo oral (con la felación), no te preocupes. No eres anormal. A muchos hombres no les parece muy excitante. A muchos otros sí. No porque a mí me guste el pie de manzana tiene que gustarte a ti, y eso no te hace anormal. Júzgate con menos rigor y trata de mantener un criterio amplio. Si a tu compañera le gusta el *cunnilingus*, medita si debes hacérselo, siempre y cuando esto no te parezca repulsivo. Es probable que te de igual. Si es así, complácela y no te preocupes.

Capítulo 21

Seis ideas para ganar su corazón

1. Si no le cuesta trabajo decir "Te Amo", escríbalo en una hoja de papel, haga un avioncito con ella y aviénteselo. ¡Esta idea también sirve para proponerle actividades excitantes!

2. ¡Cómprele una serie de fotografías atrevidas en la que ella sea el personaje central! Los fotógrafos ofrecen estudios a precios razonables. Si lo hace sentir mejor, trate de que el trabajo lo haga una mujer. ¿Qué mejor manera de demostrarle que ella es la chica de calendario con la que usted soñó? No la sorprenda con el fotógrafo. Asegúrese de que esté de acuerdo

3. Después del sexo, especialmente si terminaron la sesión en posición de cucharita, a muchas mujeres les parece romántico que su compañero se duerma con el pene adentro.

4. Si el dinero no le preocupa demasiado, rente un anuncio panorámico dispuesto en una ruta que ella frecuente para

ir al trabajo. Refréndele su amor. Mándele una carta de amor pública (en algún periódico o revista). Le garantizo que se sentirá lanzada a una órbita romántica difícil de resistir (¡si es que no se sale del camino por la emoción!).

5. Sorpréndala al contratar a un masajista que le dé una maravillosa y relajante frotada. Cuando el profesional va a casa, todo resulta mucho mejor. Después llévela a cenar; vuelva a casa y... ¡A ver qué sucede!

6. Un hombre recién casado, romántico, cuya esposa se deshace en elogios, puso el anillo de compromiso en una caja de golosinas. Cuando ella lo encontró, él se arrodilló y le propuso matrimonio.

Esta edición se imprimió en Agosto de 2004. Editores Impresores
Fernández S.A. de C. V., Retorno 7-D Sur 20 No. 23. México D. F.